矛盾存在形态论

张景荣 著

天津社会科学院出版社

天津社会科学院建院四十周年精品文库

图书在版编目（CIP）数据

矛盾存在形态论 / 张景荣著. -- 天津 : 天津社会科学院出版社, 2019.8

（天津社会科学院建院四十周年精品文库 / 靳方华主编）

ISBN 978-7-5563-0565-0

Ⅰ. ①矛… Ⅱ. ①张… Ⅲ. ①矛盾—研究 Ⅳ. ①B024

中国版本图书馆 CIP 数据核字(2019)第 176483 号

矛盾存在形态论
MAODUN CUNZAI XINGTAILUN

出版发行： 天津社会科学院出版社
出 版 人： 张博
地　　址： 天津市南开区迎水道 7 号
邮　　编： 300191
电话/传真： （022）23360165（总编室）
（022）23075303（发行科）
网　　址： www.tass-tj.org.cn
印　　刷： 天津午阳印刷股份有限公司

开　　本： 880×1230　毫米　1/32
印　　张： 6.625
字　　数： 150 千字
版　　次： 2019 年 8 月第 1 版　2019 年 8 月第 1 次印刷
定　　价： 78.00 元

总 序

《天津社会科学院建院四十周年精品文库》收录了天津社会科学院建院以来的部分精品学术著作和研究成果，即将陆续付梓。该文库的出版是天津社会科学院建院40年来优秀科研成果的集中展示，是对40年来领导和学者们不懈奋斗的诚挚敬意，也是对当今接续奋斗的社科院人的热忱激励。作为天津市规模最大、门类最全的哲学社会科学专业研究机构，40年来，天津社会科学院在众多学科涌现了杨柳桥、吕万和、卞慧新、黎干、孙振、王昌定、王辉、温克勤、罗澍伟、潘允康、周路、包永江、荣长海、张景荣等一大批国内外知名的专家学者，在哲学伦理学、法学理论、历史文化、经济社会等诸多领域贡献了一大批思想深邃、引领学界的研究成果，为繁荣发展中国哲学社会科学做出了突出贡献。借撰写文库序言的机会，谈几点感受。

我们正处在哲学社会科学繁荣发展的新时代。习近平总书记指出，当代中国正经历着我国历史上最为广泛而深刻的社会变革，也正在进行着人类历史上最为宏大而独特的实践创新。这种前无古人的伟大实践，必将给理论创造、学术繁荣提供强大动力和广阔空间。这是一个需要理论而且一定能够产生理论的时代，这是一个需要思想而且一定能够产生思想的时代。改革开放以来，中国共产党团结带领全国各族人民开辟了中国特色社会主义道路,在理论、制度和文化上,形成一系列创新的思想理论、发展理念和实践方略,为人类文明做出了突出贡献。天津社会科学院的发展伴随着改革开放的历史进程,从建院以来的初创奠基、探索前进、改革发展到如今的创新竞进,从站上新起点到迈入新时代,40 年风雨同舟,40 年披荆斩棘,40 年砥砺奋进,全体社会科学工作者用忠诚、担当绘就了一幅气势恢宏的历史画卷,谱写了一曲不问浮华的奋斗赞歌。新时代,新召唤,哲学社会科学正面临着空前丰富的素材与题材、空前复杂的命题与试题、空前广阔的机遇与空间,时代是出卷人,我们是答卷人,人民是阅卷人,在这个繁荣发展哲学社会科学的新时代,只有坚持以习近平新时代中国特色社会主义思想为指导,聆听新时代的声音,立足新时代的特点,回应新时代的呼唤,认真研究解决重大而紧迫的问题,才能真正把握住历史脉络、找到发展规律,推动理论创新,推进咨政建言,提升服务社会的品质。

新时代的哲学社会科学必须毫不动摇地坚持以马克思主义为指导。当今世界,各种思想观念、思维方式、意识形态的交流和碰撞越来越频繁、越来越激烈,给意识形态带来许多新问题、新挑战。以什么样的世界观、方法论来审视世界、引领未来,是哲学社会科学的根源问题。马克思主义是科学的思想体系,是人类思想史上最重要的成果,它揭示了人类社会发展的本质和规律,是科学的世界观和方法论,是我们认识世界、改造世界的强大思想武器。我国革命、建设和改革实践反复证明:中国特色社会主义需要马克思主义,坚持以发展着的马克思主义为指导,是我们事业沿着正确方向胜利前进的根本保证。当今中国,坚持马克思主义就是要不断深入学习贯彻习近平新时代中国特色社会主义思想。建设具有中国特色、中国风格、中国气派的哲学社会科学,必须坚持马克思主义指导地位，运用马克思主义观察时代、解读时代、引领时代，真正搞懂面临的时代课题。坚持马克思主义指导地位，需要不断推进实践基础上的理论创新，及时回答时代之问、人民之问，不断开辟马克思主义发展新境界；需要我们用马克思主义的思想武器，提升文化“软实力”和社会主义核心价值观体系建设，用强大的思想武器构筑意识形态领域的钢铁长城；需要我们加强主流意识形态的吸引力、凝聚力，提高主流意识形态的控制力和引导力，同新自由主义、历史虚无主义等各类不良社会思潮和意识形态领域的敌对势力做斗争。

哲学社会科学研究应该“以人民为中心”。与时代同步伐，与人民共命运，关注和回答人民需要的问题，是社会科学工作的生机与活力所在。“大学之道，在明明德，在亲民，在止于至善。”中国特色社会主义的成功经验蕴含着人民群众丰富实践创造的宝贵经验，为理论工作者的学术创新提供了丰厚土壤和研究样本。以人民为中心，需要我们“引时代明德、为人民立言”，牢固树立为人民做学问的思想，切实承担起以文化人、以文育人、以文培元的重要使命；需要我们认真汲取优秀历史文化中的合理元素，挖掘阐释其中符合时代精神、具有普遍意义的思想精华，为振兴中国学术尽心尽力；需要我们坚持理论与实践相结合，坚持问题导向，善于从实践中提炼经验做法，善于运用哲学观点和社会理论，回答和解决当前面临的矛盾和问题；需要我们唱响主旋律，凝聚正能量，不断巩固人民群众团结奋斗的共同思想基础；需要我们坚持从国家和区域发展的实际出发，聚焦高质量发展要求，努力在中华民族伟大复兴和“五个现代化天津”建设中，服务大局，展现作为；需要我们坚持平实务实，聚焦人民群众所思所想所盼，用通俗易懂的语言，有针对性地解疑释惑，积极回应群众关切，推进马克思主义思想大众化，始终贯彻理论创新“来自人民、为了人民、贴近人民”的鲜明品格。

哲学社会科学研究要强调精品意识。对社会科学研究成果而言，质量就是生命。大学之大，不在大楼，而在大师；大家之大，不在派头，而在作品。如何锻造学术精品，需要我们以扎根本土、深植时代为基础，在观念和手段结合上、内容和形式融合上进行深度创新，提高作品的思想高度、文化内涵、学术价值。当前，哲学社会科学研究的重要任务是立足中国特色社会主义伟大实践，提出具有自主性、独创性的理论观点，构建中国特色学科体系、学术体系、话语体系，这是产生学术精品的源泉和保障。社科工作者应该围绕“三个体系”建设，深入生活、扎根人民，树立正确的历史观与文化观，拿出真正经得起考验的精品佳作，凭本事说话，靠品质取胜。社会科学研究是一项苦差事，需要勤于思考、甘于清贫、淡泊名利，不畏浮云遮望眼，专心致志地锻造精品。如果不把心思和精力放在创作精品上，只想着追名逐利、走捷径、搞速成，成不了大师、成不了大家。以精品奉献人民，需要耐得住寂寞，经得起诱惑，守得住底线，立志做大学问，做真学问，同浮躁之风、弄虚作假、学术不端划清界限，在学术积累上下功夫，在守正创新上下功夫，不断增强学术积累和创新能力，拿出更多高质量、高水平的科研成果。

藉此为序。向被收入文库的作者和作品致敬！向接续奋斗 40 年的天津社会科学院人致敬！向为文库的出版付出辛勤努力的同志们致谢！也衷心希望更多的专家学者立时代潮头、通古今变化、发思想先声、引时代明德、为人民立言，不断涌现出更多的精品佳作、名家大师，不断推进全国一流社科院建设迈上新台阶。

靳方华

2019 年 3 月 17 日

目　　录

引 言

本书为中华社会科学基金1992年度课题。

在一定意义上，这本书可以说是《矛盾新论》[①]的续篇。在《矛盾新论》第二编“矛盾的存在”中，有这样一段话：

> 辩证矛盾作为宇宙间普遍存在的对立统一关系，必然要通过一定的时空形式表现出来。恩格斯曾指出：“在磁那里开始了两极性，这种两极性是在同一个物体中显现出来的；在电那里，这种两极性就自己分配到两个或两个以上处于相反的电应力状况中的物体上。”这是从空间角度指出两极的分布有同体和异体两种情况。此外，从时间角度考察，辩证矛盾的两极又有共时和历时两种情况。所谓共时，即两极在共同的时间内作为现实存在的双方互相对立而统一，辩证矛盾在同一个时间内即显现出现实存在的完整形态。所谓历时，则指两极在其现实性上不是共时并存，而是先后相继、彼此更替，两极的现实态经转化的环节互相联结、历时并存，辩证矛盾在时间的流动中方显现出其现实存在的完整形态。

① 房良钧、张景荣、张金城：《矛盾新论》，天津社会科学院出版社1991年版。

> 这说明，辩证矛盾的两极在时空分布上有同体、异体，共时、历时等不同情况，而两极不同的时空分布又使这些矛盾有着各自不同的特性，也有加以区分、进行研究的必要。①

我们当时已经注意到，辩证矛盾两极不同的时空分布使辩证矛盾呈现出不同的存在形态，这些不同存在形态的矛盾在有着辩证矛盾共性的同时，也有各自不同的特性。但在《矛盾新论》中这个问题并没有深入地展开，这既有书的体例方面的考虑，也与我们当时的研究程度和认识水平有关。后来，随着研究的深入和认识的深化，我们愈益感到这个问题是完善、丰富对矛盾认识的一个重要环节。人类的认识是一个从特殊到一般，又从一般到特殊，再从特殊到一般的不断推移、螺旋式上升的过程，正是在这个过程中，人类的认识趋于深刻和全面。对矛盾的认识同样如此。当我们从具体矛盾，包括各种不同存在形态的矛盾中抽象、概括出其共性的、本质性的东西，形成对矛盾及其属性的一般性的认识的时候，我们对矛盾的认识并没有完结，我们不应该停留在这个水平上，不能把这种一般性的认识凝固和僵硬化，而应该继续前进，以一般性的认识为指导，去进一步深入研究各种具体的矛盾，研究它们不同的存在形态及其各自的特性。这样，一方面可以使我们对矛盾的特殊性有更自觉、更深刻的认识；另一方面也可以使对矛盾及其属性的一般性认识得到充实和发展，而不流于空泛，从而形成“包含着特殊东西的丰富性的普遍”，将对矛盾及其属性的一般性认识提高到新的水平。这无论对于矛盾理论的发展，还是对于在实践中正确处理各种矛盾，都有重要的意义。

---

① 房良钧、张景荣、张金城：《矛盾新论》，天津社会科学院出版社 1991 年版，第 120 页。

矛盾存在形态及其特性并不是突然提出来的新问题，在中外矛盾学说史中已有不少学者注意到了这个问题，并有不同形式、不同程度的论述。然而，这并不是说这个问题已经受到了普遍的重视，也不是说矛盾存在形态及其特性的多样性、复杂性已经得到了系统、全面的揭示。我国哲学界曾有学者将矛盾看作“二体关系”，这就忽视了辩证矛盾两极在同体内或两个以上物体内存在的复杂情况。也有学者提出：“就具体现实矛盾的存在而言……矛盾双方必须具备同时性、同范围性。”照这种观点，起码会将两极历时并存的矛盾排除在具体现实矛盾的存在之外。这种自觉不自觉地忽视辩证矛盾存在形态多样性的倾向，会限制人们的视野，不利于对辩证矛盾的全面认识，并使得无论对矛盾概念的理解还是对矛盾属性的把握，都难免流于片面、空泛。

因而，我们认为有必要在前人认识成果的基础上，对辩证矛盾存在形态及其特性进行进一步的研究，探求一下辩证矛盾两极时空分布的多样形式，考察一下辩证矛盾由此而呈现出的不同存在形态，研究一下辩证矛盾不同存在形态相互之间的关系，探讨一下不同存在形态的矛盾各自的特性，看一看它们在两极上有哪些特点、在对立性与同一性上有哪些特殊表现以及作为一个过程在运动形式上有哪些特殊性等。然后，回过头来，重新认识辩证矛盾的共性，把握它们所涵盖的丰富内容。我们希望通过自己的努力，引起大家对这个问题的重视和讨论，共同将对矛盾的认识加以拓展和深化。作为一种探索，书中的谬误疏漏在所难免，恳望读者给予批评指正。

第一章　矛盾与矛盾存在形态

矛盾存在形态论，要研究矛盾以怎样的形态存在；这种形态是单一的还是多样的；如果是多样的，各种不同存在形态之间是什么关系；不同存在形态的矛盾各自又有什么特性等。在研究开始之前，当然应该对什么是矛盾、什么是矛盾存在形态、矛盾与矛盾存在形态的关系等问题有一个基本的了解，这是研究的前提；而在研究展开之后，我们将对这些问题达到更为具体和全面的认识。

第一节　什么是矛盾

矛盾范畴有多义性，人们往往在不同的意义上理解和使用它。例如逻辑矛盾与辩证矛盾，虽然都称为矛盾，但逻辑矛盾指的是人的思维中不符合逻辑规则、在概念和判断上前后不一致的现象，而辩证矛盾则指的是事物所固有的，普遍存在于自然、社会和思维中的对立统一关系。我们所研究的矛盾存在形态，是指辩证矛盾的存在形态，因此，我们在这里主要是从辩证矛盾的意义上来探讨矛盾的概念。

要理解辩证矛盾，应该把握以下几个方面：

第一，它是一种关系，而并非实体。在世界普遍联系之网中，每一事物内部以及事物与事物之间存在着多种多样的关系，辩证矛盾即是诸多关系中的一种。关系必有载体，任何关系都发生于、存在于事物存在和发展的过程中，它依附于事物，离不开事物。但任何关系都并不等同于事物本身，而只是作为事物存在和发展过程中所发生的因素，对事物的存在和发展起着制约和影响的作用。辩证矛盾当然也是如此。

第二，它是对立面之间的关系，而并非其他的关系。任何关系都发生在有关方面之间，辩证矛盾则发生在对立面之间。什么是对立面？对立面是在性质上正相反对的两个方面，也就是说，它们之间不是一般的差别，而是以事物的某种属性为共有的尺度，处于相反的两极。如以时间而言有古今、先后，以空间而言有上下、左右、前后、南北、东西，以状态而言有动静，以变化而言有疾缓。其他如经济上的剥削与被剥削，政治上的统治与被统治，军事上的攻与防、进与退，认识上的主观与客观、真理与谬误，道德上的善与恶、高尚与卑劣，审美上的美与丑，都是这样的两极。正如黑格尔所讲："在对立中，有差别之物并不是一般的他物，而是与它正相反对的他物"，"每一方都是它自己的对方的对方"①。

第三，它是对立面的统一，而并非仅仅是对立。对立面之间，一方面在性质上正相反对，二者互相区别、互相否定、互相排斥、互相斗争，另一方面又以共有的尺度互相联系、互相规定、互相贯通，"每一方只有在它与另一方的联系中才能获得它自己的〔本质〕规定，此一方只有反

---

① ［德］黑格尔著，贺麟译：《小逻辑》，商务印书馆 1980 年版，第 254、255 页。

映另一方，才能反映自己。另一方也是如此”[1]。例如在实践中，主、客体作为对立面，双方只有在相互的联系中才能获得各自的本质规定。农民是农作物的生产者，农作物是农民劳动的物化。画家是画的作者，画是画家劳动的物化。而且，主体只有反映客体，才能反映自己。教师作为教学活动的主体，反映他的客体的是学生，也只有反映学生，才能反映教师自己。反之，客体也只有映现主体，才能映现自己。学生就要通过映现教师而映现自己。对立面之间就是这样既对立又统一。失去任何一方，他方也就不再成其为对立面。没有作家，当然不会有作品，而没有作品，也就不成其为作家。其他如刚柔、屈伸、盈亏、明暗、昼夜、寒暑，以及正与负、大与小、一般与个别、必然与偶然、原因与结果、无限与有限等，也莫不如此。

第四，它是世界普遍联系中一种最基本的关系。说它最基本，是因为它最初始、最简单，也最普遍。恩格斯在谈到马克思研究政治经济学的方法时指出，马克思“是从历史上和实际上摆在我们面前的、最初的和最简单的关系出发，因而在这里是从我们所遇到的最初的经济关系出发。我们来分析这种关系。既然这是一种关系，这就表示其中包含着两个相互关联的方面。我们分别考察每一个方面；由此得出它们相互关联的性质，它们的相互作用。于是出现了需要解决的矛盾”[2]。这就清楚地说明了对立面的统一是一种最初始、最简单的关系。不仅如此，“因为我们这里考察的不是只在我们头脑中发生的抽象的思想过程，而是在某个时候确实发生过或者还在发生的现实过程，因此这些矛

---

① [德]黑格尔著，贺麟译：《小逻辑》，商务印书馆 1980 年版，第 254—255 页。
② 《马克思恩格斯选集》第二卷，人民出版社 1972 年版，第 122—123 页。

盾也是在实际中发展着的，并且可能已经得到了解决。我们研究这种解决的方式，发现这是由建立新关系来解决的，而这个新关系的两个对立面我们现在又需要加以说明”①。这又说明，对立面的统一作为一个过程，不仅发生在思想领域，而且也在实际中发生、发展着；而矛盾的解决则是由建立新的对立统一关系来实现的。这样，辩证矛盾就是广泛存在于客观世界和思想领域中的一种生生不已的关系，具有空间和时间上的普遍性。由于它最初始、最简单，也最普遍，它就构成我们把握世界普遍联系之网的最基本的纽结。

第五，它是一种能动的关系。对立面的统一，并不是两个对立面的简单加和，而是对立面能动的相互作用的过程和结果。正是在能动的相互作用中，对立面之间既相互区别、相互否定、相互排斥、相互斗争，又相互联系、相互依存、相互贯通，从而构成矛盾的运动，使矛盾自身得以发展和更新。矛盾的这种能动性，使它成为事物运动和发展的动力源泉。在事物的存在和发展过程所发生的各种关系中，对立面的统一是最活跃的因素，是它推动着事物的运动变化和新旧更替。

第六，它是一种内在的关系。对立面的统一是事物的一种本质的关系，是事物运动发展的规律。作为本质的关系，作为规律，它隐藏在现象的背后。在现象层次上，两个对立面可以并列，可以各不相连，可以先后相续。只有透过现象，我们才能把握到对立面之间既对立又统一这种内在的、稳定的、必然的关系。毛泽东在《中国革命战争的战略问题》中讲道：“战略问题，如所谓照顾敌我之间的关系，照顾各个战役之间或各个作战阶段之间的关系，照顾有关全局的（有决定意义的）某

---

① 《马克思恩格斯选集》第二卷，人民出版社 1972 年版，第 123 页。

些部分，照顾全盘情况中的特点，照顾前后方之间的关系，照顾消耗和补充，作战和休息，集中和分散，攻击和防御，前进和后退，荫蔽和暴露，主攻方面和助攻方面，突击方面和钳制方面，集中指挥和分散指挥，持久战和速决战，阵地战和运动战，本军和友军，这些兵种和那些兵种，上级和下级，干部和兵员，老兵和新兵，高级干部和低级干部，老干部和新干部，红色区域和白色区域，老区和新区，中心区和边缘区，热天和冷天，胜仗和败仗，大兵团和小兵团，正规军和游击队，消灭敌人和争取群众，扩大红军和巩固红军，军事工作和政治工作，过去的任务和现在的任务，现在的任务和将来的任务，那种情况下的任务和这种情况下的任务，固定战线和非固定战线，国内战争和民族战争，这一历史阶段和那一历史阶段，等等问题的区别和联系，都是眼睛看不见的东西，但若用心去想一想，也就都可以了解，都可以捉住，都可以精通。”[①]毛泽东在这里从战略的高度，列举了中国革命战争中的诸种矛盾，强调对立面之间的区别和联系都是看不见的东西，必须用心去想一想才可以了解、捉住、精通。这就非常具体、生动地说明了对立面的统一是一种内在的关系，只有通过人的理性思维才能把握。

第七，它是一个过程。辩证矛盾作为事物存在和发展中所发生的一种关系，是一个由其生成、展开到解决的各个环节所组成的过程。马克思说过，“商品隐藏着使用价值和交换价值的对立。这种对立进一步发展，就表现为、实现为商品的二重化即分化为商品和货币。商品的这种二重化作为过程出现在商品的形态变化中”[②]。商品的这种二重化

① 《毛泽东选集》第一卷，人民出版社 1991 年版，第 177－178 页。

② 马克思、恩格斯著，中共中央马克思恩格斯列宁斯大林著作编译局译：《马克思恩格斯全集》第二十六卷（第三册），人民出版社 1974 年版，第 91 页。

过程也就是矛盾的一种生成展开的过程。值得注意的是，在矛盾生成、展开和解决的各个环节上，对立面以及二者的对立和统一都处在不停的运动变化中，显现出不同的状态和特点，于是矛盾便显出阶段性的变化。这样，我们要正确地认识矛盾，要有把握地、切实地解决矛盾，就必须对它的全部过程进行动态的历史的考察，而不能停留在静态的认识上。

根据上述，我们认为矛盾是事物存在和发展中所发生的对立面之间的对立统一关系，它是世界普遍联系中的一种最基本的、能动的、内在的关系，是一个由其生成、展开到解决的各个环节所组成的过程。

实际上，人们对辩证矛盾也有着种种不同的理解。出于研究的需要，我们应该对有关的命题进行必要的辨析。

——矛盾是一体两极。在正确的意义上，这个命题应该理解为矛盾是对立面的统一。这里的一体，是指隐藏在现象背后的两极之间对立统一关系的整体，而不是现象层次的具体的物体。或者说，这里的体是指关系，而不是指实体，而且这种关系是特定的关系，即由两个对立面相互作用所构成的一种关系。我们平时讲对立面相互依存，共处于一个统一体内，也应该作这种关系上的理解。也只有在这个意义上，一体才能是两极，而不是多极。马克思讲过，“最初在两极间起媒介作用的运动或关系，按照辩证法必然会导致这样的结果，即这种关系表现为它自己的媒介，表现为主体，两极只是这个主体的要素，它扬弃这两极的独立的存在，以便通过这两极的扬弃本身来把自己确立为唯一独立的东西”[①]。这可以说是对“矛盾是一体两极”这个命题的极好说明。

那么，能不能不从关系的意义上，而从实体的意义上来理解这里讲的体呢？不可以。因为如果从实体意义上来理解，这里的体就是具体的物体，或者就是事物，它们就是对立统一关系的载体。第一，一体两极就只是诸种矛盾中的一种情况，如恩格斯所讲，“在磁那里开始了两极性，这种两极性是在同一个物体中显现出来的”[②]。此外，矛盾还有两体两极或多体两极的情况，如“在电那里，这种两极性就自己分配到两个或两个以上处于相反的电应力状况中的物体上”[③]。本来矛盾就不只存在于物体或事物内部，物体与物体之间、事物与事物之间、这些物体与那些物体之间、这些事物与那些事物之间，只要以某种共同的尺度处于相反的两极，都可以构成对立统一关系。只讲矛盾是一体两极，显然是不完全的。第二，任何物体、任何事物，都不只包含一种矛盾，而是包含着多方面、多层次的矛盾关系。事物的要素与要素之间、部分与整体之间、结构与功能之间，以及不同阶段、不同质态之间都可以构成对立统一关系。而且，根据物质世界无限性原理，可知事物是有层次的，要素也有其本身的组成部分，任何事物的要素都还包含着低层次的若干矛盾，而事物本身也是更高层次的大事物的一个要素。这些多方面、多层次的矛盾错综交织，构成复杂的体系。这样，一体就不是两极而是多极。所以，将一体两极之体作实体理解是不可取的，它既不符合两极分布的实际情况，也不符合事物本身包含矛盾的实际情况，无论对

① 马克思、恩格斯著，中共中央马克思恩格斯列宁斯大林著作编译局编：《马克思恩格斯全集》第四十六卷（上册），人民出版社 1979 年版，第 295 页。

② 恩格斯著，于光远等译编：《自然辩证法》，人民出版社 1984 年版，第 83 页。

③ 恩格斯著，于光远等译编：《自然辩证法》，人民出版社 1984 年版，第 83 页。

矛盾还是对事物都容易导致简单化的理解，仿佛两极只能在一个物体中，事物只包含一个矛盾，只有这个矛盾的两极。要避免这种误解，就不能将一体两极之体看作物体或事物，而只能把它严格地看作关系，看作关系意义上的统一体。

——矛盾是二体关系。当这个命题中的体是指具体物体的时候，需要注意几个问题。

首先，矛盾的对立面是一个抽象程度很高的概念，外延很广，包括极其丰富的具体内容。不仅二体，而且举凡正相反对的两个方面，例如两种性质、两种倾向、两种趋势、两个阶段、两种质态、两种观念、两个概念等，都能构成矛盾的两极，它们之间都能形成对立统一关系。在二体构成矛盾的两极，二体之间形成对立统一关系的情况下，二体关系当然是矛盾，但只是矛盾中的一种具体情况，并不是矛盾关系的全部。矛盾还包括其他各种对立面之间的对立统一关系。因此，准确地讲，应该说有些矛盾是二体关系，并不是所有的矛盾都是二体关系。

其次，二体关系也未必就一定是对立统一关系，也可能只是一般的差别关系。有人会问，差异不就是矛盾吗？其实，差异有两种。一种是外在差异，即人们一般所理解的事物之间外部、外表、表面上的区别和不同，用黑格尔的话来说就是“直接的异或杂多。所谓杂多即不同的事物各自独立，其性质与别物发生关系后互不受影响，而这关系对于双方是外在的，无关本质的”①。这种差异仅是一般的差别，并不是矛盾。另一种是内在差异，即建立起内在的对立统一关系的两极之间的差异，

① 中国科学院哲学研究所西方哲学史组编：《黑格尔论矛盾》，商务印书馆 1963 年版，第 175 页。

差异的双方都必须是自己的对方的对方，都只有在与对方的联系中才能获得自己的本质规定，都只有反映对方才能反映自己。只有这种差异才是矛盾。我们讲矛盾双方是互相区别的，这种区别是统一中的区别，即内在的差异，而不是一般的差别。对立面之间的差异在矛盾发展的不同阶段有不同的表现。有的矛盾在萌发阶段，矛盾双方刚刚开始分化，虽有了差异，但双方往往还处于合一形式，并没有公开两立。这种矛盾萌发阶段对立面的内在差异，是矛盾对立性的一种表现，它反映了矛盾的发育程度还不成熟，但它能表明矛盾的存在则是肯定无疑的。因此，有时我们也在这个意义上讲"差异就是矛盾"。总之，差异就是矛盾是一个有特定意义的命题，也只有在特定的意义上才是正确的。不能对这个命题进行泛化的理解，不能据此把仅有一般差别的二体关系也看作矛盾。世界上的情况是复杂的。有的二体关系的确是矛盾，但也有大量的二体关系仅是一般的差别关系，即外在的差异，而不是矛盾。

再次，还须注意，矛盾不仅有二体两极的情况，还有多体两极的情况，两极的构成可以是一体对一体，也可以是一体对多体，或多体对多体。

这样，"矛盾是二体关系"如果要成为一个正确的命题，就不能不附加条件的限制。

——就具体、现实矛盾的存在而言，矛盾双方必须具备同时性、同范围性。这是对具体、现实矛盾的一种界定。就界定的第一点来讲，无疑有大量的矛盾能满足"矛盾双方必须具备同时性"这个条件，但也有大量的矛盾，如先后相继的两个阶段、两个过程、两种状态、两种质态之间的矛盾不能满足这个条件，在这些矛盾中，两极的现实态非共时并存，而是先后相继、彼此更替、历时并存，那么这些矛盾是否就不是具体现实的矛盾了呢？恐怕不能这样说。毛泽东在《矛盾论》中不仅谈到了诸如无产阶级与资产阶级、地主与佃农、帝国主义的民族压迫与殖民地和半殖民地这样具备同时性的矛盾，也讲到了大量的两极现实态非共时并存的矛盾，如“被统治的无产阶级经过革命转化为统治者，原来是统治者的资产阶级却转化为被统治者”①，两大阶级在革命中各自前后地位的转化显然就是历时并存的两极之间的变化。他还谈道，“拥有土地的地主阶级转化为失掉土地的阶级，而曾经是失掉土地的农民却转化为取得土地的小私有者。有无、得失之间，因一定条件而互相联结，二者具有同一性。在社会主义条件之下，农民的私有制又将转化为社会主义农业的公有制……私产和公产之间有一条由此达彼的桥梁”②，“战争与和平是互相转化的。战争转化为和平……和平转化为战争……在阶级社会中战争与和平这样矛盾着的事物，在一定条件下具备着同一性”③。这里讲的这些矛盾的两极都是非共时并存的，毛泽东并没有把如上矛盾排除在具体、现实矛盾的存在之外，相反，他肯定地指出，上述矛盾“乃是现实的矛盾，具体的矛盾，而矛盾的互相转化也是现实的、具体的”④。

就界定的第二点来讲，所谓矛盾双方的“同范围性”乃是一个比较模糊的说法，可以进行多种理解，这里不再一一分析。

通过对上述命题的辨析，可以看到人们对辩证矛盾的确存在着不

---

① 《毛泽东选集》第一卷，人民出版社 1991 年版，第 328—329 页。
② 《毛泽东选集》第一卷，人民出版社 1991 年版，第 329 页。
③ 《毛泽东选集》第一卷，人民出版社 1991 年版，第 329—330 页。
④ 《毛泽东选集》第一卷，人民出版社 1991 年版，第 330 页。

同的理解，而这些理解往往同人们对矛盾两极在空间和时间上的分布的不同看法有关。矛盾两极在其载体上是同体的，还是异体的？两极的现实态是共时并存，还是历时并存？这是矛盾的存在形态问题。矛盾的存在形态是多样的。我们应该搞清普遍意义上的矛盾同特殊存在形态的矛盾之间的区别与联系，既不能把普遍意义上的矛盾归结为某一种特殊存在形态的矛盾，也不能用某一种特殊存在形态的矛盾来取代普遍意义上的矛盾。而要搞清这个问题，就不能不对矛盾存在形态进行全面的研究，这是避免把普遍意义上的矛盾与特殊存在形态的矛盾混为一谈，澄清对矛盾的有关误解的一个前提。

第二节　矛盾存在形态

矛盾存在形态是指矛盾在其形成、展开和解决的过程中由其两极的时空分布而呈现出来的感性形态。矛盾作为事物的一种本质的关系，是内在的，隐藏在现象的背后；但它又必然通过一定的现象表现出来，从而为人所感知。矛盾存在形态就是矛盾在现象层次上的表现。只有在现象层次感知的基础上，人才能进一步运用自己的理性思维能力，透过现象，把握事物内在的对立统一关系。

什么是矛盾两极的时空分布？这种时空分布意味着什么？要回答这两个问题，首先要对时间和空间概念有一个概略的了解。

时间和空间是一个古老而又常新的问题。人类很早就开始了对这个问题的探索，并随着实践和科学的发展不断获得新的认识。这种探索至今仍在继续。系统地探讨这个过程不是本书的任务，我们只能根据研究的需要，谈谈把握时间和空间概念所应注意的几个方面。

一、时空是物质存在的基本形式

辩证唯物主义认为物质是世界的本原，时间和空间是统一的物质世界存在的基本形式。恩格斯讲过，“一切存在的基本形式是空间和时间，时间以外的存在和空间以外的存在，同样是非常荒诞的事情”[①]，“物质的这两种存在形式没有了物质，当然都是无”[②]。他在这里强调了时间、空间与物质存在的不可分离性。一方面，时间、空间作为物质存在的基本形式，是普遍的必然的，一切物质的存在都要通过时间、空间表现出来；另一方面，时间、空间依存于物质，并不能脱离物质而独存。这当然是正确的观点，但在人类对时空的探索中却不是唯一的观点。

例如，柏拉图认为理念是永恒的、不变的，不是被创造出来的东西，不在时间和空间中定位；而凡是有时间和空间、在时间和空间中定位的，就是被创造出来的东西。[③] 时间和空间“皆是精神的客观形式……是精神表现为客观存在的直接形式”[④]。显然，柏拉图是从客观唯心主义的立场出发，将理念、精神看成在时间、空间以外存在的世界本原，而时间、空间不过是理念、精神表现为客观存在的直接形式。黑格尔继承

---

① 《马克思恩格斯选集》第三卷，人民出版社 1972 年版，第 91 页。

② 恩格斯著，于光远译编：《自然辩证法》，人民出版社 1984 年版，第 108 页。

③ 参见北京大学哲学系外国哲学史教研室编译《古希腊罗马哲学》，商务印书馆 1961 年版，第 208 页；陈荷清、孙世雄：《人类对时间和空间本质的探讨》，河南人民出版社 1986 年版，第 54—55 页。

④ ［德］黑格尔著，贺麟、王太庆译：《哲学史讲演录》第二卷，商务印书馆 1960 年版，第 237 页。

发展了这一思想，认为绝对理念是世界的本原，它是超时间和超空间的。“理念或精神凌驾于时间之上，因为这类东西是时间本身的概念；它自在自为地是永恒的，没有被卷入时间过程中，因为它没有消失于自己的过程的一个方面。”[①]黑格尔在《自然哲学》中指出，绝对理念在外化为自然界的过程中，首先是空间，接着是时间随之产生出来，空间和时间不过是绝对理念借以外化为自然界的形式。[②] 在《哲学史讲演录》中，他则将时间和空间看作理念发展的经验形式：“理念发展的另一种方式，亦即理念的不同阶段和不同发展环节之出现在时间中，在变化的形态中，在某些特殊的地域中，在这个或那个民族里，在某些政治环境里，或在由政治环境而引起的错综复杂的关系里，——简言之，出现在经验的形式内——这就是哲学史所要揭示给我们的一幕一幕的戏剧。”[③]主观唯心主义者贝克莱则认为时间和空间只是人的经验的主观感知，“时间之成立是由于在我心中有连续不断的观念以同一速度流动……离了心中观念的前后相承，时间是不能存在的”[④]。同样，空间也只是由人心中的感觉组合而成。[⑤] 这是与他的“存在就是被感知”的根本观点相一致的。

康德由其二元论的立场出发，将时间和空间看成人的先验的感性直观形式，时空仅仅是表象里的某种主观要素。在他看来，一方面，由“物自体”刺激感官，另一方面，由主体提供普遍必然的时空形式，从而

① ［德］黑格尔著，梁志学等译：《自然哲学》，商务印书馆 1980 年版，第 51 页。

② ［德］黑格尔著，梁志学等译：《自然哲学》，商务印书馆 1980 年版，第 39—55 页。

③ ［德］黑格尔著，贺麟、王太庆译：《哲学史讲演录》第一卷，商务印书馆 1959 年版，第 34 页。

④ ［英］乔治 · 贝克莱著，关文运译：《人类知识原理》，商务印书馆 1973 年版，第 64 页。

⑤ ［英］乔治 · 贝克莱著，关文运译：《人类知识原理》，商务印书馆 1973 年版，第 65 页。

形成具体的时空关系,如某种特定的大小、形状、先后等。

再有,就是带有机械唯物论特征的牛顿的绝对时空观。他认为时间和空间都是客观实在的,但却是独立于物质的。绝对时间"由其特性决定,自身均匀地流逝,与一切外在事物无关";绝对空间"其自身特性与一切外在事物无关,处处均匀,永不移动"[①]。绝对时间均匀流逝,绝对空间静止不动,它们构成了物质运动的容器和框架。由于把时空看成独立于物质而存在的,就不能不给上帝留下地盘。牛顿说过,上帝"不是时间或空间本身,但他是持续的并且总是在空间中显现自己。他永远存在,也无所不在;而且正因为如此,他就构成了时间和空间"[②]。

从以上几种比较典型的观点可以看出,人们的时空观念是受着人们对世界本原问题看法制约的。对世界本原同题的不同回答,往往导致时空观念的重大差异。

二、时空的本质是物质的运动

运动是物质的固有属性。时间和空间与物质的不可分离性,在于它是物质运动的表现。物质运动一方面表现为各种具体事物状态的延续性及其状态交替的顺序性,这就是时间;一方面又表现为各种具体事物状态的广延性和并存状态的序列性,这就是空间。物质的运动是时间和空间的本质。

在西方,建立在欧氏几何和经典物理学基础上的时空观念,曾将时

---

① [英]伊萨克·牛顿著,王克迪译:《自然哲学之数学原理·宇宙体系》,武汉出版社1992年版,第6页。

② [美]H. S. 塞耶编,上海外国自然科学哲学著作编译组译:《牛顿自然哲学著作选》,上海人民出版社1974年版,第50页。

空看成独立于物质而存在的实体，是物质运动的容器和框架，时空与物质运动的关系被理解为外在的、没有内在联系的。非欧几何和爱因斯坦的相对论，动摇了这种时空观念，使人们看到了时空与物质运动的内在联系。过去人们认为空间是平直的、各向同性的，时间是均匀的、不变的，它们与外物无关；现在人们则认识到，时间和空间作为物质运动的重要结构是弯曲的，其曲率在不同的点和每点不同的方向上都有不同的值。空间不再被单纯地理解为处所或空框架，而是物质运动的状态，所谓的“虚空”实际充满着电磁场、引力场。物质时空分布的非均匀性，表明时间和空间的结构与特性是相对的、有层次的、变化着的，表现着各种具体物质之间相互作用的复杂性和物质运动状态的多样性。

中国古代朴素的唯物主义很早就猜测到了时间、空间与物质运动的内在联系。明末清初的杰出唯物主义者王夫之曾在继承前人观点的基础上，于其所著的《周易内传》中提出：“天地之所以行四时生百物亘古今而不息者，皆此动之一几相续不舍。”这是说，由于天地的运动前后相续不止，因此才有时间的古今相续，永无终止。他还曾提出：“虚空者，气之量；气弥沦无涯而希微不形，则人见虚空而不见气。凡虚空皆气也，聚则显，显则人谓之有，散则隐，隐则人谓之无。”（《张子正蒙注·太和篇》）这是说，由于气的聚散，才有可见的有形体的事物和不可见的无形的虚空，虚空就是稀薄细微而无形的气。他已经猜测到了时间、空间是物质运动的表现。

黑格尔的时空观正如他的整个哲学学说一样，在客观唯心主义的外壳中包含着辩证法的合理内核，他曾经指出：“运动正是时间和空间的本质和实在性。”[①]只要剥离客观唯心主义的外壳，这个观点应该是正确的。

三、时空是统一的

时间与空间有着不同的规定性，“一般的表象以为空间与时间是完全分离的”[②]。建立在欧氏几何和经典物理学基础上的时空观念就认为时间与空间相互独立，二者并无内在的联系，它们的联系是通过物体运动的介入而发生的。这与其时间和空间对物质运动的独立性的观点相一致。而实际上，由于时间和空间同为物质存在的基本形式，同为物质运动的表现，二者必然有着内在的联系，既相互区别，又相互统一。建立在非欧几何和爱因斯坦相对论基础上的时空观念已经指出，时间、空间作为物质运动的表现，是四维统一体的整体结构，有什么状态的空间，也有相应的时间状态，反之亦然，二者绝不是互不相干，而是密不可分。这就为时空统一的观点提供了科学的依据。

在人类对时间和空间问题的探索中，时空的统一很早就在人的意识中有了反映。中国先秦的典籍即已指出，宇宙是时间和空间的统一。《尸子》一书说：“上下四方曰宇，古往今来曰宙。”这是从时间与空间两方面对宇宙进行了一个完整的概括。《墨经》的“宇徒久”命题，久即宙，古音相近，通用，说明空间的变化是与时间的流逝紧密结合在一起的，时间与空间统一于物质的运动之中。《吕氏春秋》十二纪描摹了一幅和谐统一的整体型宇宙模式，其核心是时间与空间的统一。从时间上说，

---

① [德]黑格尔著，贺麟、王太庆译：《哲学史讲演录》第一卷，商务印书馆1959年版，第283页。

② [德]黑格尔著，梁志学等译：《自然哲学》，商务印书馆1980年版，第48页。

春夏秋冬分属五行，春属木，夏属火，秋属金，冬属水，土附于夏秋之间，与季夏相接。从空间上说，五行又与五个方位相配列：东方属木，南方属火，西方属金，北方属水，中央属土。这样，通过五行配属，而将时空联结在一起，时间和空间同受五行法则的支配，因而有着共同的内在结构和运动的步调。五行有王有休，轮番当令，不仅使时间显示出四季递变，而且空间也随着季节的变化相应呈现不同方位的特性。时间四季可以表现空间五方的属性，空间也可以表现时间的特点，二者相互渗透、相互包含。这种时空统一的观点，虽然是朴素直观的，但至今仍给我们以有益的启示，因而是弥足珍贵的。

黑格尔不同意那种“以为空间与时间是完全分离的，说我们有空间而且也有时间”的观点，他说：“哲学就是要向这个‘也’字作斗争。”①他认为时间和空间是统一的，是可以互相过渡的。物体运动，有三种不同的位置，即此刻的、要占据的以及被扬弃的，此刻的位置是它的现在，离开的那个位置是它的过去，趋向的位置是它的将来，“运动的本质是成为空间与时间的直接统一；运动是通过空间而现实存在的时间，或者说，是通过时间才被真正区分的空间”②，“运动是过程，是由时间进入空间和由空间进入时间的过渡”③。黑格尔不仅指出了时空的这种动态的统一，而且指出时空还有静态的统一，物质就是“作为静止的同一性的空间与时间的关系”④。

辩证唯物主义的时空观同样强调时空的统一性。首先，时间与空

① [德]黑格尔著，梁志学等译：《自然哲学》，商务印书馆1980年版，第48页。
② [德]黑格尔著，梁志学等译：《自然哲学》，商务印书馆1980年版，第59页。
③ [德]黑格尔著，梁志学等译：《自然哲学》，商务印书馆1980年版，第61页。
④ [德]黑格尔著，梁志学等译：《自然哲学》，商务印书馆1980年版，第61页。

间是统一的物质世界运动的不可分离的两个方面。“无限时间内天体的永恒重复的先后相继，不过是无限空间内无数天体同时并存的逻辑的补充”①。当我们把握物质运动时，时空是相互补充、不可或缺的两个方面。其次，时间与空间在一定的条件下可以相互转化。“物化劳动，即在空间上存在的劳动，也可以作为过去的劳动而同在时间上存在的劳动相对立”②。所谓在时间上存在的劳动，即活劳动，非物化劳动，亦即还在物化过程中的、作为主体的劳动。这种在时间上存在的劳动随着劳动过程的实现，当然也会转化为物化劳动，即在空间上存在的劳动。马克思在这里通过劳动形态的转换生动地说明了时间与空间在一定条件下的相互转化。再次，马克思不仅看到了物质运动中空间变化与时间流逝的统一，而且指出了现代化社会生产中将空间变化所需时间缩减到尽可能低的限度的趋势。资本“力求在空间上更加扩大市场，力求用时间去更多地消灭空间”③。所谓力求用时间去更多地消灭空间，在这里就是指将商品移动所需的时间缩减到最低限度，从普遍的意义上讲，这就是要将尽可能短的时间转化为最大的空间，从而提高主体的活动能力和活动效率。

四、时空是可感知的

时间与空间作为物质存在的基本形式，作为物质运动的表现，既是客观的，又是可感知的。人类在社会实践的过程中，正是通过无数次地

---

① 恩格斯著，于光远等译编：《自然辩证法》，人民出版社 1984 年版，第 23 页。

② 马克思、恩格斯著，中共中央马克思恩格斯列宁斯大林著作编译局译：《马克思恩格斯全集》第四十六卷（上册），人民出版社 1979 年版，第 228 页。

③ 马克思、恩格斯著，中共中央马克思恩格斯列宁斯大林著作编译局译：《马克思恩格斯全集》第四十六卷（下册），人民出版社 1980 年版，第 33 页。

感受具体事物的时空特征，即具体事物状态的延续性及其状态交替的顺序性，以及状态的广延性和并存状态的序列性，才逐渐形成了时空观念，进而把握物质世界，把握物质运动的规律性。而人类时空观念随着社会实践的发展不断变化，说明人类对客观时空的认识经历着一个由浅入深、由不全面走向比较全面的过程，从而愈来愈接近客观时空的本性。

黑格尔在《哲学史讲演录》中说过，“时间是对于过程的抽象的直观，它是第一个感性的本质”，“当赫拉克利特不停留在对‘变’加以逻辑的说明，而要给他的原则以存在的形态时，那么，时间的形式必然首先呈现；因为正是在感性和直观中时间是最初作为变而呈现的东西，时间就是变的第一种形式。时间在直观中是纯粹的变”①。《哲学史讲演录》第二卷还记述了柏拉图“蒂迈欧”篇中的一段话：“我们对于最完美的事物的知识是从眼睛开始的。白天和黑夜的区别、月份和星球的运行产生了关于时间的知识，并引起我们去研究整体的性质。”②尽管赫拉克利特与柏拉图对世界本原的看法并不相同，赫拉克利特把世界本原归之于火，柏拉图则归之于理念，但他们对时间是可感知的这一点却是一致的。原子论者伊壁鸠鲁也认为时间可感知，他说：“我们寻找时间，不要像在一个对象中寻找其他一切东西一样，把它们归结到我们心中所觉察到的一般概念，而必须采取直接的直观，我们便是按照这个直观来说‘一段长时间’或‘一段短时间’，并且把我们的直观应用在时间

① [德]黑格尔著，贺麟、王太庆译：《哲学史讲演录》第一卷，商务印书馆 1959 年版，第 304 页。

② [德]黑格尔著，贺麟、王太庆译：《哲学史讲演录》第二卷，商务印书馆 1960 年版，第 172 页。

上来加以考察。”[①]这几位西方古代学者的观点，说明人们很早就注意到了时间的可感知性。而中国古代学者朴素的时空观，如古往今来、四方上下，以及四季、五方等，则带有明显的感性直观的色彩，表明了时空的可感知性。

人们对时空的认识，先是感性地认识具体事物的时空特征，形成时空表象，而后经过概括抽象，上升到理性认识，形成一般的时间、空间概念。然后，人们又以这种一般的时空概念为认识形式，去自觉地认识具体事物的时空特征，从而形成更为丰富的时空表象，并经过进一步的概括抽象，使一般的时空概念升华到更高的水平。这是个永无止境的不断螺旋上升的过程。对这个过程的任何一点做直线式的发展，都可以导致对时空的片面理解。主观唯心主义者无限地夸大时空的可感知性，混淆了感知与被感知的内容的界限，将时空看成人的经验的主观感知。康德看到了时空概念作为认识形式的作用，肯定了时空的普遍必然性，却否定了时空的客观性，将时空看作人的先验的感性直观形式。也有的学者看到了时空概念的抽象性，据此否认时间与空间的可感知性。卡・耐格里就说过，“我们准确地知道一小时、一米……的意思是什么”，但是“我们不知道时间、空间……是什么”[②]。恩格斯批评了这种观点，指出：“这是老生常谈。人们先从感性的事物作出抽象，然后人们又要感性地去认识这些抽象的东西，要看到时间，嗅到空间。经验主义者如此深深地陷入了经验的体验的习惯之中，甚至在和抽象的东西

① 北京大学哲学系外国哲学史教研室编译：《古希腊罗马哲学》，商务印书馆 1961 年版，第 360—361 页。

② 转引自恩格斯著，于光远等译编《自然辩证法》，人民出版社 1984 年版，第 107 页。

打交道的时候，还以为自己是在感性体验的领域内。”[①]也就是说，我们肯定时间与空间的可感知性，是指具体事物的时空特征是可以通过人的感官感知的，而人在这种感知基础上形成的时空概念则是对具体事物时空特征的一种抽象，是对具体时空共性的本质的东西的一种概括，这种普遍意义上的时空已经超出了感性体验的领域，上升到了理性认识的范畴，它是无法感觉的。但普遍的时空只能寓于具体的时空之中，具体时空是可感知的。这正如人们不能吃到抽象的水果，但却能吃到樱桃和李子一样。

综合以上四个方面，我们可以得出这样的认识，即时间和空间是物质存在的基本形式，它与物质存在不可分离，是物质存在普遍必然的形式；时空的本质是物质的运动，物质时空分布的不同情况表现着物质普遍的相互作用的复杂性及其运动状态的多样性；时空是统一的，时间与空间在一定条件下可以互相转化；时空具有可感知性，具体事物的时空特征是可以通过人的感官感知的。

基于对时空的这种认识，我们认为矛盾两极的时空分布是事物存在和发展中所发生的对立面之间的对立统一关系在现象层次上的表现形式，是矛盾在其形成、展开和解决的过程中所呈现的感性形态。它既是普遍的、必然的，又是多样的、变动的。说它是普遍的、必然的，是因为任何矛盾都要通过其两极的一定的时空分布形式表现出来；说它是多样的、变动的，是因为具体矛盾具有多样性和流变性，矛盾两极的时空分布状况不可能是单一的和凝固的。毫无疑义，任何矛盾都有其共性的一面，但共性即寓于个性之中。矛盾两极时空分布的不同状况正

---

① 恩格斯著，于光远等译编：《自然辩证法》，人民出版社 1984 年版，第 107 页。

透露着具体矛盾在其两极构成上、在两极相互作用中对立性与同一性的具体表现上、在矛盾运动具体形式上的特殊性的重要信息。研究矛盾由其两极的时空分布而呈现出来的感性形态，既为把握矛盾的共性所必须，也为把握矛盾的特殊性所必须，而且，只有在充分把握各种具体矛盾的特殊性的基础上，我们才能进一步丰富和深化对矛盾共性的理解。

为什么要将矛盾存在形态规定为矛盾由其两极的时空分布而呈现出来的感性形态，难道矛盾在现象层次上就没有其他的表现吗？作为具体的矛盾，它在现象层次上当然不只会表现出其时空特征，而且会有其他种种感性的表现，但其他种种感性的具体表现，往往只为该矛盾或某些矛盾所具有，不具有普遍必然性。矛盾作为世界普遍联系之网上的基本纽结，唯有两极的时空分布才是其共有的感性形态。

由于时空的统一性，我们在研究矛盾的存在形态时不能不对两极的时空分布进行综合的把握。但为了达到综合的把握，又不能不分别从时间和空间两个方面对矛盾的时空特征进行具体的分析，没有分析就没有综合，我们要努力达到分析的认识与综合的认识的统一。

第三节　矛盾存在形态的多样性和复杂性

矛盾由其两极的时空分布而呈现出来的感性形态是多样的、复杂的。我们可以先从时间和空间两个角度分别加以考察。

从时间角度看，矛盾两极的分布有共时和历时两种情况。所谓共时，即两极在共同的时间内作为现实存在的双方互相对立而统一，辩证矛盾在同一个时间内即显现出现实存在的完整形态。如吸引与排斥、作用力与反作用力、遗传与变异、主体与客体、生产力与生产关系、剥削与被剥削等矛盾,都是如此。所谓历时,则指两极在其现实性上不是共时并存,而是先后相继、彼此更替,当此极为现实存在时,彼极只是潜在的,只有在一定的条件下经由转化的环节,现实存在的此极转为潜在的,原先潜在的彼极才成为现实的,两极的现实态通过转化的环节互相联结,历时并存,辩证矛盾在时间的流动中方显现出其现实存在的完整形态。如天之寒暑、体之屈伸、人之祸福、国之治乱等皆是。也就是说,辩证矛盾的两极在时间分布上既可以是共时的,也可以是历时的。两极的共时分布表现着事物存在和发展中横向共时并存的两极之间的对立统一关系,历时分布则表现着纵向系列历时并存的两极之间的对立统一关系。二者可以分别称之为矛盾的共时态和历时态。

矛盾的共时态与历时态的区分是明显的,但二者又并非可以截然划分,而是有着紧密的联系,这体现在共时态与历时态矛盾的相互交织、相互作用、相互交融,以及在一定条件下的相互转化。

相互交织,表现为共时态矛盾的两极、矛盾的属性、矛盾的统一体也各有其演变的纵向系列,在这些纵向系列中也包含有先后相继的阶段、状态、质态之间的历时性的对立统一关系;而历时态矛盾每一极的现实态也不会孤立存在,总要与其他纵向系列中的某些环节发生横向的共时性的对立统一关系。马克思在讲流通的时候曾经指出:“简单流通是由许多同时并存的和前后连接的交换行为构成的。”[1]他在讲资本

① 马克思、恩格斯著,中共中央马克思恩格斯列宁斯大林著作编译局译:《马克思恩格斯全集》第四十六卷(下册),人民出版社 1980 年版,第 142 页。

循环的时候也曾指出："资本的不同循环的同时并存，如同资本的不同规定的同时并存一样，只有以许多资本为前提时，才变得很清楚。这正像人的生命过程要经过不同的年龄一样。但是，人的各种年龄是并存的，分属于不同的个人。"①辩证矛盾的这两种存在形态就是这样错综交织在一起的。

共时态与历时态矛盾不仅相互交织，而且彼此有实际的相互作用。历时态矛盾两极潜、现的转化，一方面要以现实态一极自身所包含的潜在一极的潜滋暗长为内在根据；另一方面也要以现实态一极与其他纵向系列中的环节的横向的共时性的矛盾关系为必要的条件，正是这种横向的共时性的矛盾关系促进着历时态矛盾的实现和展开。而历时态矛盾的实现和展开，也同时推动着共时态矛盾的发展和演变，因为历时态矛盾两极的潜、现转化，同时就意味着横向的共时性矛盾两极内容及相互作用方式的相应变化，这就不能不对共时态矛盾的发展和演变产生重要的影响。

相互交融，则指有些矛盾的存在形态可以兼有历时性与共时性的特征。历时态与共时态是辩证矛盾存在的典型形态，许多具体的现实矛盾的存在形态是非典型的，远比典型形态复杂。如物质与精神的矛盾，从本原意义上讲，物质是第一性的，精神是第二性的，先有物质，后有精神，二者有一种历时性的关系；但精神产生后，物质并不失去其现实态，二者以现实态共时并存，又成了一种共时性的关系。再如前代人与后代人的矛盾，一方面二者有一种先后相继的历时性关系；另一方面

① 马克思、恩格斯著，中共中央马克思恩格斯列宁斯大林著作编译局译：《马克思恩格斯全集》第四十六卷(下册)，人民出版社1980年版，第145页。

二者也有共同生活的共时性关系，尊老爱幼是这种共时性关系中同一性的一种表现，所谓“代沟”则是这种共时性关系中对立性的一种表现。此外，像人与自然的矛盾、劳动者与劳动产品的矛盾等，也都有这种情况。这说明，矛盾共时态与历时态的区分是相对的，二者之间并不存在不可跨越的鸿沟，在一定条件下可以交融。

矛盾的共时态与历时态还可以在一定条件下相互转化。马克思在分析商品流通过程时指出，在物物交换即“W—W”的过程中，买和卖是同时实现的；而一旦以货币为中介，即“W—G—W”，买和卖就分裂为两个孤立的过程，但二者在运动中也会表现出统一。显然，买和卖在前一种情况下是共时并存的，而在后一种情况下则是历时并存的。商品的交换是否以货币为中介，就成为买和卖这对矛盾的共时态与历时态相互转化的条件。当条件具备的时候，矛盾的共时态可以转化为历时态，历时态也可以转化为共时态。马克思在谈到斯图亚特关于分工如何提高劳动生产率的论述时，曾指出：“一个依次完成各种不同操作的工人，在由一种操作转到另一种操作时会损失掉时间”，而分工则使“工人在从事宗法式或手工业生产时为制造他的产品而依次完成的、作为他的不同的活动方式而互相连接在一起并且按顺序更替的各种不同操作，他的劳动以各种不同的形式所经历的各个不同的阶段，现在作为独立的操作或过程互相分离了、孤立了”，“正是由于它们的分离和独立而使它们有可能结合起来，使上述各种不同的过程有可能在一个工厂内同时进行。分工和联合在这里互为条件。一个商品的总生产过程现在表现为某种复杂的操作，许多操作的混合，这些操作互不依赖，但又能够互相补充，能够同时并存地进行"①。也就是说，分工使商品总生产过程中原先历时并存的各种操作转化为共时并存的各种操作，从而节省了原先由一种操作转到另一种操作时所损失掉的时间，从而提高了劳动生产率。从矛盾存在形态的观点看，这正是矛盾的历时态向共时态的转化，分工就是这种转化的条件。

这样，仅从时间角度考察，矛盾两极的分布就已经呈现多样和复杂的状况。

从空间角度看，矛盾的两极分布又有同体和异体之别。这里讲的体，不是矛盾统一体的关系之体，而是两极的载体，即从空间角度而言的三维之体，具体的物体。所谓同体，是指两极的载体是同一个物体，即两极的载体在空间上并无相互分离的彼此独立的形态，而是直接合一。中国古代哲人史墨讲过"体有左右"，古希腊哲人赫拉克利特在讲"对立物存在于同一东西中"时举过例子"蜂蜜是甜的也是苦的"，恩格斯讲过"在同一个物体中显现出来的"磁的两极性，毛泽东讲过帝国主义是真老虎又是纸老虎，这些矛盾的两极在其空间分布上都是同体的。其他诸如军事行动中一方的进攻与退却，另一方的退却与反攻；政治斗争中一方力量的由弱到强，另一方力量的由强到弱等，这些相对不同的主体而言其各自前后不同的态势之间的矛盾关系也是两极同体的。所谓异体，则指两极的载体是两个或两个以上的物体，即两极的载体在空间上相互分离，各具独立的空间形态。天体运动中天体之间的吸引与排斥，生物繁衍发展中的生存竞争、优胜劣汰，社会运动中的阶级斗争、

① 马克思、恩格斯著，中共中央马克思恩格斯列宁斯大林著作编译局译：《马克思恩格斯全集》第四十七卷，人民出版社 1979 年版，第 316、317 页。

民族矛盾等，其两极的空间分布都是异体的。这里有一个问题，即两极的载体如果是两个物体，这个问题比较好理解，平时人们讲“矛盾是二体关系”，主要就是指的这种情况。然而，两极的载体还能是两个以上的物体吗？其实，认真想一想，这样的情况多得很。太阳系中恒星与行星的矛盾，其两极的载体是一体对多体，因为太阳与八大行星都各具独立的空间形态。原子核与电子的矛盾，由于原子核与电子都各具独立的空间形态，其两极的空间分布也应视为异体的，只不过依原子的不同，两极的载体或是一体对一体，或是一体对多体。而第二次世界大战中德、意、日法西斯与反法西斯统一战线这两极之间，则是多体对多体。所以，对异体的理解，不能仅限于二体，而且应该包括两个以上物体的情况。

两极载体是同一个物体的矛盾，我们称之为同体态矛盾；两极载体是两个或两个以上物体的矛盾，则称之为异体态矛盾。矛盾的同体态与异体态也是既相互区别，又相互交织、相互作用、相互交融，并在一定条件下相互转化。如“帝国主义是真老虎又是纸老虎”，真老虎与纸老虎是比喻帝国主义的两重属性，二者是同体的。但作为这两重属性载体的帝国主义，又会同殖民地半殖民地之间发生矛盾关系，这种矛盾关系显然是异体的。由于世界普遍联系的性质，矛盾的同体态与异体态的纵横交织是不可避免的。

矛盾的同体态与异体态不仅仅是相互交织，而且也发生实际的相互作用。帝国主义在压迫剥削殖民地半殖民地的时候，其本身既是真老虎又是纸老虎的两重属性当然会起作用；而殖民地半殖民地人民反对帝国主义的斗争也要利用帝国主义的这两重属性，在战略上藐视它，在战术上重视它，以争取自身的独立和解放。

矛盾的同体态与异体态的交融，表现在有些矛盾兼具同体态和异体态的特征。如母子之间，十月怀胎，二者是同体；一朝分娩，遂为异体。中西文化碰撞，本是异体；经过相互吸收借鉴，各自都将原先属于对方的一些因素吸收为自身的有机组成部分，又为同体。世界上的事情是复杂的。矛盾的同体态与异体态只是矛盾两极空间分布上的典型形态，具体矛盾的存在形态远比典型形态复杂。

矛盾的同体态与异体态也可以在一定条件下相互转化。恩格斯讲过："政治经济学从商品开始，即从产品由个别人或原始公社相互交换的时刻开始。进入交换的产品是商品。但是它成为商品，只是因为在这个物中，在这个产品中结合着两个人或两个公社之间的关系，即生产者和消费者之间的关系，在这里，两者已经不再结合在同一个人身上了。"[①]也就是说，在自然经济条件下，人们的生产主要是为了直接满足自身的需要，而不是为了交换，人们种粮给自己吃，织布给自己用，盖房给自己住，生产者和消费者的关系是结合在同一个人身上的。而在商品经济条件下，人们的生产首先是为了交换，产品成了商品，通过交换，人们再分别获得自己所需要的产品，这样，生产者和消费者的关系就不再结合在同一个人身上，而是发生了分离，所以恩格斯说在商品中"结合着两个人或两个公社之间的关系"。生产者和消费者本来是同体的，商品的出现使二者转化为异体的了。此外，异体态矛盾在一定条件下也可以转化为同体态。例如私有制产生之后，在劳动生产率低下的情况下，体力和脑力劳动发生分离，少数人专门从事脑力劳动是以多数人

① 马克思、恩格斯著，中共中央马克思恩格斯列宁斯大林著作编译局译：《马克思恩格斯全集》第十三卷，人民出版社1962年版，第533页。

从事体力劳动为前提。随着社会的进步和劳动生产率的提高，这种体脑劳动的分离终将消失，社会的每一个人都将得到自由全面的发展。体脑劳动这对矛盾的异体态将向同体态转化。

以上从空间角度的考察，也说明了矛盾两极分布的多样性和复杂性。

这里有必要再次强调一个问题，即当我们从普遍意义上界定矛盾的时候，总要指出辩证矛盾作为一个统一体，矛盾的两极不可分离；而当我们考察矛盾两极的时空分布时，又反复指出了两极在时间上和空间上分离的情况。这是否自相矛盾呢？当然不是。当我们从普遍意义上界定矛盾时所讲的矛盾统一体，并不是现象层次上空间的三维之体，而是隐藏在现象背后的两极之间对立统一关系的整体。矛盾统一体中两极的不可分离，是指两极之间有着内在的同一性，双方互相依存，互为存在的前提，而这种内在的同一性并不排斥两极外在的现象层次上的多种时空分布形式，不排斥两极的历时并存、异体并存这些在时间和空间上分离的情况。黑格尔讲过，在表象的领域中，在空间和时间中，"矛盾的东西各不相连地保持着并列和先后相续的状态，这样互不接触地出现在意识面前"①。也就是说，在现象层次上，在外在的时空分布形式上，辩证矛盾的两极可以并列，可以先后相继，可以各不相连，可以互不接触。而两极在现象层次上的这种分离，即各自取得相对独立的时空形式，也并不排斥其内在的同一性，相反，这正是矛盾的一种重要的存在形式。恩格斯说："两极的分离和对立，只存在于它们的相互依

① 中国科学院哲学研究所西方哲学史组编:《黑格尔论矛盾》，商务印书馆 1963 年版，第 132 页。

存和相互含摄之中。反过来说,它们的相互含摄,只存在于它们的相互分离之中,它们的相互依存,只存在于它们的相互对立之中。"[1]理性的任务,正在于透过现象,透过两极时空分布的不同形式,来把握其内在的共性的对立统一关系。

由于时空的统一性,我们对矛盾两极的时空分布仅从时间和空间两个角度分别加以考察还是不够的,还应该从四维时空的角度进行综合的考察。

综合来看,具体矛盾的两极时空分布大致有同体共时、同体历时和异体共时、异体历时等几种典型形态。

同体共时,是指两极的载体是同一个物体,而且两极作为现实存在的双方共时并存。如光的波粒二象性、主体在实践中的能动性和受动性等,都属于这种情况。

同体历时,是指两极的载体是同一个物体,但两极的现实态先后相继,通过转化的环节互相联结,历时并存。如物体在运动中前后阶段、状态、质态的变化,主体在实践中由幼稚到成熟的变化,国家由穷到富、由弱到强的变化等,都是同体历时的矛盾关系。

异体共时,是指两极的载体是两个或两个以上的物体,两极作为现实存在的双方共时并存。如物理中的作用力与反作用力、化学中的置换反应、生物种群与栖息地环境之间的相互选择、不同社会群体之间的利益之争等,这些矛盾的两极都是异体共时的。

异体历时,是指两极的载体是两个或两个以上的物体,两极的现实态先后相继、历时并存。如分工使原先工人在生产一种产品时须依次

① 恩格斯著,于光远等译编:《自然辩证法》,人民出版社 1984 年版,第 56 页。

完成的各种操作分离成商品总生产过程中的各道工序，这些工序可由不同的工人在不同的车间来完成，这样，原先须依次完成的各种操作就有可能同时进行，但也有可能仍然依次进行，起码在生产的启动阶段，工艺流程的各个部分须依次启动。这样，商品总生产过程中的各道工序不仅可以在空间上分离，分属于不同的载体，而且可以在时间上分离，依次历时实现，于是相互衔接的相对应的工序就成为异体历时的两极。

当我们从时间和空间角度对矛盾两极的时空分布分别加以考察的时候，已经知道矛盾的共时态与历时态以及同体态与异体态不仅相互区别而且相互交织、相互作用、相互交融，并在一定条件下相互转化。既然如此，当我们从四维时空的角度进行综合考察的时候，也应该注意到以上同体共时、同体历时和异体共时、异体历时等几种典型形态同样是不仅相互区别，而且相互交织、相互作用、相互交融，并在一定条件下相互转化。对每一个具体矛盾的存在形态都需要进行具体的分析。如上面讲过的工人在生产一种产品时须依次完成的各种操作之间本是同体历时关系，当分工使各种操作分离成商品总生产过程中的各道工序以后，如果各工序在空间上分离而在时间上同时进行，它们是异体共时关系，如果不仅在空间上分离而且在时间上依次进行，它们就是异体历时关系。各种形态在一定条件下相互过渡，而且在实际的生产过程中交织、交融在一起，相互作用，相互影响。再比如东西文化，不仅在空间上有各自的载体，而且在时间上有各自演进的顺序，当两种文化发生碰撞时，既是异体的交往，又有同体的吸纳；既是共时的交接，也有时序的跳跃，其矛盾的形态是极其复杂的。

总之，矛盾两极的时空分布形式既是多种多样的，又是流动变化的。对矛盾存在形态的这种多样性和复杂性,我们应该有充分足够的认识,不能把它们简单化。

人们对矛盾的认识,首先是从对各种不同存在形态的具体矛盾的认识开始的。主体在认识过程中发挥主观能动性,对不同存在形态的具体矛盾进行概括,舍弃掉具体矛盾的生动的、具体的特点,抽象出共性、本质性的东西,从而形成普遍意义上的矛盾概念。然而,人们对矛盾的认识至此并没有完结,它不能停留在抽象的矛盾概念的水平上,而要继续深入研究矛盾的各种具体存在形态,探究不同存在形态的矛盾各自的个性,从而不断综合出从低级具体上升到抽象的过程中所舍弃的东西,形成具体的矛盾概念。具体的矛盾概念不是空泛的,而是综合了不同存在形态矛盾的特性,是“包含着特殊东西的丰富性的普遍”,是多样性的统一。我们的任务就是要在这个方向上做出努力。

第二章　共时态矛盾

共时态矛盾，即两极的现实态同时并存的矛盾。共时态矛盾作为辩证矛盾存在的一种典型形态，不仅有着辩证矛盾一般的共性，而且在其两极构成上、对立性与同一性的表现上，以及运动形式上都有一系列的特性。本章就要研讨这些特性。

第一节　共时态矛盾两极的内容和特点

共时态矛盾的两极很早就引起了人们的注意，历代先哲已经对其进行了描述和概括。

中国古代，公元前 780 年曾发生一次大地震，当时伯阳父就提出："夫天地之气，不失其序……阳伏而不能出，阴迫而不能烝，于是有地震。"(《国语·周语上》)他认为，天地之气，即阴阳二气的运行应有一定的秩序，一旦出现失序的情况，潜伏下面的阳气出不来，阴气不能上升，就会发生地震。这种解释虽是朴素的，但是在两千多年以前他能把地震的原因归之于共时并存的两个对立面相互斗争而对原有运行秩序的打破，却是难能可贵的。

与伯阳父同为西周末人的史伯则提出了“和实生物，同则不继”的思想，即不同的对立面相和才能产生新的事物，相同的东西加在一起并不能产生新事物，正所谓“以他平他谓之和，故能丰长而物归之。若以同裨同，尽乃弃矣……于是乎先王聘后于异姓，求财于有方，择臣取谏工，而讲以多物”（《国语·郑语》）。春秋时齐国的晏婴对这一思想做了进一步的发挥：“和如羹焉，水、火、醯、醢、盐、梅，以烹鱼肉，燀之以薪，宰夫和之，齐之以味，济其不及，以泄其过。君子食之，以平其心。君臣亦然。君所谓可而有否焉，臣献其否以成其可；君所谓否而有可焉，臣献其可以去其否，是以政平而不干……若以水济水，谁能食之？若琴瑟之专一，谁能听之？同之不可也如是。”（《左传·昭公二十年》）很明显，史伯、晏婴在讲“和实生物”的道理时所涉及的对立面也是共时并存的。

春秋时晋国的史墨提出：“物生有两、有三、有五、有陪贰。故天有三辰，地有五行，体有左右，各有妃偶；王有公，诸侯有卿，皆有贰也。”（《左传·昭公三十二年》）在这里，无论是对等意义的“两”，如“体之左右”，还是主从意义上的“陪贰”，如“王有公，诸侯有卿”，对立面之间都是共时并存的。

春秋末期的老子研究天地和万物的起源问题时提出：“道生一，一生二，二生三，三生万物。万物负阴而抱阳，冲气以为和。”（《老子》四十二章）万物正面是阳，负面为阴，阴阳两个对立面也是共时并存的。当然，老子不仅注意到了共时并存的对立面，也注意到了历时并存的对立面，他讲“有无相生，难易相成，长短相形，高下相倾，音声相和，前后相随”（《老子》二章），其中“前后相随”就明显的是历时并存的对立面之间的关系。他著名的“祸兮，福之所倚，福兮，祸之所伏”的命题中的祸福，就是历时并存的两极。然而老子以及中国古代的其他许多思想家往往是把共时并存与历时并存的对立面放在一起来讲，这一来是因为他们并没有从两极的时空分布上将对立做明确的分类，二来也是因为不少的对立面随条件的不同既有共时并存，也有历时并存的情况。例如春秋末年的军事家孙武认为战争包含有敌我、主客、众寡、强弱、攻守、进退、虚实、分合、奇正、速久、勇怯、胜败等一系列对立面。其中敌我、主客，无疑是共时并存的对立面。而众寡、强弱、攻守、进退、虚实、分合、奇正、速久、勇怯、胜败等，如果作为敌我双方相比较而存在的对立的性质、态势、战法、趋势、结局等，应该是同时并存的；如果作为某一方先后出现的不同情况，又应该是历时并存的。孙武并没有从两极时间分布的角度做明确的区分。此外，北宋的张载讲“一物两体”时所陈列的虚实、动静、聚散、清浊，明末清初的方以智讲两端之说所列举的昼夜、水火、生死、男女、生克、刚柔、清浊、明暗、虚实、有无、形气、道器、真妄、顺逆、安危、劳逸、损益、博约等，也都内含着共时并存和历时并存两种情况，有的可以有明确的归属，有的则需依具体情况做具体分析。尽管如此，中国古代思想家关于对立面的认识包含了大量的共时并存的情况，应是确定无疑的。

西欧先哲关于对立面的认识同样萌生得很早，但对两极的共时并存与历时并存开始时也没做明确的区分。古希腊米利都学派的阿那克西曼德在对世界本原的探讨中曾提出“对立物蕴藏在基质之内”的著名命题，他认为基质是一个无限体，从这个无限体中分离出对立物，对立物就是热和冷、湿和干等。[①] 同一学派的阿那克西美尼主张自然界的基质是气，这气通过浓缩和稀释形成各种实体，它很稀薄的时候，就形成火，浓厚的时候，就形成风，然后形成云，再浓厚，就形成水、土和石头；别的东西都是由这些东西产生的。而使气凝聚和浓厚的是冷，使它稀薄和松弛的是热。[②] 在这种对世界本原的猜测中，热和冷、湿和干、浓缩和稀薄究竟是共时并存还是历时并存，从他们的表述中是看不清楚的。

古希腊的辩证法思想家赫拉克利特关于对立面的描述，已经能看出两极的共时并存与历时并存这两种不同的情况。他认为，自然也追求对立的东西，是从对立的东西产生和谐，而不是从相同的东西产生和谐。“例如将雌雄相配，而不是将雌配雌、将雄配雄；联合相反的东西造成协调，而不是联合一致的东西。艺术也是这样做的，显然是模仿自然。绘画在画面上混合着白色和黑色、黄色和红色的成分，造成酷肖原物的形象。音乐混合音域不同的高音和低音、长音和短音，造成一支和谐的曲调。书法混合元音字母和辅音字母，拼写出完整的字句。”[③]这与中国古代史伯的“和实生物，同则不继”的思想是类似的，其中讲的对立面显然也是共时并存的。他还描述了对立面的历时存在，例如他不仅认为我们不能两次踏进同一条河，而且认为也不能两次摸到同一个

---

① 参见北京大学哲学系外国哲学史教研室编译《古希腊罗马哲学》，商务印书馆 1961 年版，第 8 页。

② 参见北京大学哲学系外国哲学史教研室编译《古希腊罗马哲学》，商务印书馆 1961 年版，第 11—13 页；北京大学哲学系外国哲学史教研室编译：《西方哲学原著选读》上卷，商务印书馆 1981 年版，第 17—18 页。

③ 北京大学哲学系外国哲学史教研室编译：《西方哲学原著选读》上卷，商务印书馆 1981 年版，第 23 页。

一模一样的变迁实体，由于变化剧烈、迅速，它散又聚，合而又分。① 对冷热、干湿，他明确地描述了它们历时存在的一面："冷的变热，热的变冷，湿的变干，干的变湿。"②尽管如此，他对两极的共时并存与历时并存还只是现象的描述，并没有对这两种不同的对立做出确切的概括。

古希腊的毕泰戈拉（又译毕达哥拉斯）学派将对立看成存在物的本原③，并列举了限度与无限、奇与偶、一与多、右与左、男与女、静与动、直与曲、明与暗、善与恶、正方形与平行四边形十个对立④。在这十个对立中，有的抽象程度较高，比起对立面的感性形式的直观式描述是进了一步，但从整体来看，正如黑格尔所指出的，仍然是混杂的解答，简单的列举，没有秩序，没有深义。⑤ 对两极是共时并存还是历时并存，也没有明确说清。

黑格尔说："我们在塞克斯都那里找到了这些范畴的进一步进展。他是针对属于晚期毕泰戈拉派的一个说法而说的。这是对毕泰戈拉派范畴的一个很好的、比较高明的说明，比较富于思想性。"⑥塞克斯都·恩披里可（约 2—3 世纪）是罗马帝国时期的希腊怀疑论者。按照他的

---

① 参见北京大学哲学系外国哲学史教研室编译《西方哲学原著选读》上卷，商务印书馆 1981 年版，第 23 页。

② 北京大学哲学系外国哲学史教研室编译：《西方哲学原著选读》上卷，商务印书馆 1981 年版，第 22 页。

③ 参见北京大学哲学系外国哲学史教研室编译《西方哲学原著选读》上卷，商务印书馆 1981 年版，第 20 页。

④ 参见［德］黑格尔著，贺麟、王太庆译《哲学史讲演录》第一卷，商务印书馆 1959 年版，第 227 页。

⑤ 参见［德］黑格尔著，贺麟、王太庆译《哲学史讲演录》第一卷，商务印书馆 1959 年版，第 227 页。

⑥ 参见［德］黑格尔著，贺麟、王太庆译《哲学史讲演录》第一卷，商务印书馆 1959 年版，第 227 页。

说明，事物有三种方式，即殊异、对立和关系。所谓殊异，即各种事物被孤立了起来，不被设想成与他物相联系。对立，则是一个东西被规定为与另一个东西完全相反，例如善与恶、公正与不公正、神圣与不神圣、静与动等。按照关系，对象则被规定为独立于其对方，同时又与其对方发生关系，被规定为相对物，如右与左、上与下、倍与半。他认为，对立与关系的区别在于，“在对立中，其一的发生即另一的消灭，反之亦然。当运动消失时，静止即产生；当运动产生时，静止即消灭。如果健康消失了，疾病便产生，反之亦然”；而“在关系中则相反，二方面同时生，同时灭。如果右取消了，左也就取消了”，“倍如果消失了，半亦即消灭”。而且，在对立里没有中介，在关系中则有一个中介。[1] 塞克斯都关于“对立”与“关系”的说明，可以看作是对两极历时并存与共时并存关系的明确的理论概括和区分，对于从两极的时间分布上认识对立的不同类型有重要意义，显示了西欧先哲长于分析的特点。

这一点后来在黑格尔的《逻辑学》中有了更深刻的体现。在《逻辑学》第一部分“存在论”中，诸范畴是一个顶替另一个，从一个过渡到另一个。而在第二部分“本质论”中，诸范畴则是成双成对，彼此对立而又互相联系、互相反映。这可以看成辩证矛盾两种不同存在形态即历时态矛盾与共时态矛盾的一种思辨形式的反映。

总之，从上述中国和西欧先哲关于对立和对立面的认识中可以看出，尽管他们的观点有着这样那样的差别，但都包含有共时并存的两极的内容。这说明，两极的共时并存现象很早就纳入了人们的视野，并在

① 参见[德]黑格尔著，贺麟、王太庆译《哲学史讲演录》第一卷，商务印书馆 1959 年版，第 227—228 页。

人们的意识中得到了不同形式、不同程度的反映。当然，我们应该注意到，这些先哲有的站在唯物主义立场上，也有的站在唯心主义立场上，而且他们的认识有的持辩证的观点，也有的具有形而上学的因素，再加上时代科学发展水平的局限，这就使他们的观点既有合理的因素，又有这样或那样的不足。他们所讲的对立面还不是马克思主义哲学所讲的辩证矛盾意义上的两极，他们关于共时并存的两极的认识也还不是对共时态矛盾两极的科学认识，但却无疑是达到科学认识的可贵的和必要的思想前提。

例如塞克斯都对"关系"的说明，概括了对立面在"关系"中"同时生，同时灭"的特点，这对于我们认识共时并存的两极当然有重要的意义。然而他认为，当"关系"中的一方消失，另一方也消失时，"这里消失的不仅是对立，而且是存在"[①]。也就是说"同时灭"不仅是一种关系的消失，而且是两极各自作为"存在"的实体内容的消失。这对某些共时并存的两极来说是正确的，如从唯物主义观点看形神关系即如此，"形存则神存，形灭则神灭"。然而对另外一些共时并存的两极来说，则并非如此。例如中国古代哲学中讲的匹偶对立，都是个体存在于前，偶体生成于后，在一定的条件下双方走向一起，构成旗鼓相当的对立，如配偶，如匹敌。当这种对立消失时，原对立双方不一定都会从"存在"上消失，也可能只是分解为路人。[②] 所以，所谓"同时生，同时灭"，只有在共时并存的关系中两极各自作为"极"的地位的同时取得和丧失的意义上才是正确的，而不能机械地从"存在"的意义上去理解。当对立消失，原

① 参见[德]黑格尔著，贺麟、王太庆译《哲学史讲演录》第一卷，商务印书馆 1959 年版，第 228 页。

② 参见庞朴《对立与三分》，《中国社会科学》1993 年第 2 期。

来的两极不再作为此极与彼极相对时，其实体内容有可能同时消失，不再存在；也有可能一方消失，另一方仍存在；也有可能双方都还存在，只不过彼此已脱离了原有的关系。

在马克思主义哲学中，毛泽东的“横的联结与纵的联结”的思想是对共时态与历时态矛盾的一个精当的概括。他指出：“横的联结是矛盾的两方面在发展中相互依赖与相互斗争的关系。纵的联结是过程经过飞跃向前发展的关系。两者都是内的联结。”①也就是说，在事物的发展过程中，事物本身、事物的要素，以及事物的各种规定性如结构、功能、属性等，在时间形式上都各自表现为前后不断变化的纵向演进系列，纵的联结就是这些纵向演进系列中先后相继，通过转化即飞跃的环节而联系在一起的对立的阶段、状态、质态之间的关系。此外，在事物的发展过程中，事物与事物之间、事物的整体与部分之间、要素与要素之间，以及事物的各种规定性如结构与功能之间、相互对立的属性之间等，还会发生横的联结，即彼此作为共时存在的双方“相互依赖与相互斗争的关系”。无论纵的联结还是横的联结，都是事物发展过程中内在的对立统一关系，纵与横只是这种内的联结的不同表现形态。

依循这个思路，我们可以认为，共时态矛盾的两极就是事物发展过程中这种横的联结的两端，历时态矛盾的两极则是纵的联结的两端。由于横与纵的不同，历时态矛盾的两极具有严格的系列依循性，即它们必是同一纵向演进系列中先后相继的两个环节，而共时态矛盾的两极则可以具有系列的跨越性，即它们可以是不同的纵向演进系列之间共时并存的两个环节，如此一事物与彼一事物，或事物的结构与功能各自

① 中共中央研究室编：《毛泽东哲学批注集》，中央文献出版社 1988 年版，第 116 页。

不同的纵向演进系列之间发生横向的共时性关系的环节等。

也就是说,共时态矛盾的两极作为横的联结的两端,一方面必须具有辩证矛盾两极的共性,即双方必须在确定意义上互为正相反对的他方,每一方都是它自己的对方的对方;另一方面,相对历时态矛盾的两极而言,共时态矛盾的两极又有自己独具的特性,即可以具有事物纵向演进系列的跨越性,分属于不同的系列。

研究共时态矛盾两极的特性,还不能不注意其存在的普遍性。首先,它普遍地存在于各个领域中:

物理学领域中,万有引力,即在两物体之间由于物体具有质量而产生的相互吸引力,就以两物体的共时并存为前提。势能,即物质系统由于各物体之间或物体内各部分之间存在相互作用而具有的能量,也以各物体或物体内各部分的共时并存为前提。

化学中,化合反应,即由两种或两种以上的元素或化合物,形成一个成分较复杂的化合物的反应,以及复分解反应,即由两种化合物在反应时交换基因而生成两种新的化合物的反应,其参加反应的元素或化合物都是共时并存的。

生物学领域中,生物的共生,即两种生物彼此互利地共同生活在一起,缺此或失彼都不能生存,以及一种生物生活在另一种生物的体内,相互依赖,各能获得一定利益的现象;生物的竞争,即在资源包括食物、生存空间及其他生物生存所必需的因素的数量不能满足需要时,生物个体间以及物种间所发生的争夺现象等,其共同的前提就是有关各方的同时存在。而生态系统,即在一定的时间和空间内,各种生物之间及其与非生物环境之间,通过不断的物质循环和能量流动而相互依存、相互制约所构成的一个能够自我维持、自我调节、有一定独立性的生态体系，同样要以各种生物以及非生物环境的共时并存为前提。

社会历史领域中，劳动过程中的劳动者与劳动资料，政治生活中的领袖与平民，军事斗争中的对垒双方等，也都是共时并存的两极。

思想领域中，不同意识形态之间的斗争，无神论与有神论之间的争论，学术上不同观点之间的交锋，其有关对立面显然也须同时并存。

而且，在上述各个领域之间，实际上也存在大量的横的联结的关系。我们经常讲的自然与社会的关系、客观与主观的矛盾等，从两极相互作用的角度看，都是共时并存的。

这仅是一些典型的例子。其实，世界上任何领域的任何事物，都处在世界普遍联系之网中，它们在发展中都无可避免地要在其内部以及与外部环境发生横的联结的关系。正是这一点，决定了共时态矛盾两极在各个领域存在的普遍性。

再者，共时态矛盾的两极还普遍地存在于事物发展过程的始终。任何事物在其发展的每一时刻，都毫无例外地处在世界普遍联系之网中，其内部及其与外部环境所发生的横的联结的两端之间的相互依赖与相互斗争，始终是事物发展的动力。

那么，共时态矛盾的两极是怎样相互依赖与相互斗争的？共时态矛盾的对立性与同一性在其表现上有什么特点？我们在第二节中来进行探讨。

第二节 共时态矛盾的对立性与同一性的具体表现

辩证矛盾作为对立面的统一,对立性与同一性是它的两重不可或缺的基本属性。这两重属性为一切矛盾所具有,并贯穿于每一矛盾过程的始终。它们作为两极相互关系的不可分离的两个侧面,在不同存在形态的矛盾中既有共同的基本的表现,又有不同的具体表现。本节即要探讨一下这两重属性在共时态矛盾中是怎样表现的,以及这种表现有哪些特点。

一、共时态矛盾的对立性

对立性作为辩证矛盾的基本属性之一,其基本表现是对立面之间的相互区别、相互否定、相互排斥、相互斗争。共时态矛盾的对立性在这几个方面都有自己的特殊表现。

(一)共时态矛盾两极的相互区别

大体有以下四种情况:

1. 有些共时态矛盾的两极是从同一事物中生发出来的,当矛盾初起时,两极虽已萌生,但双方都还没有取得相对独立的形态,即还没有获得作为对立面的完整的现实规定性,因而尚未公开两立,只表现为内在的差异,表现出矛盾的不成熟。只有随着矛盾的发展,两极同时取得相对独立的形态,两相分离,矛盾进入展开阶段,才显现出共时并存的两极完整的现实态之间的相互区别。例如劳动与资本的矛盾,萌芽于封建社会末期的行会制度中。行会制度下手工作坊中的作坊主由于拥有生产资料，因而可以攫取帮工、短工和学徒的剩余劳动，其生产资料已在某种程度上具有了资本的性质；但同时作坊主作为技艺熟练的行会师傅，又是与生产资料直接结合的劳动者；作坊中的帮工、短工和学徒的劳动已经具有了雇佣劳动的性质，但这种雇佣劳动还只是“暂时的措施”，行会制度允许他们在掌握了相应的技艺、具备一定条件的情况下也成为行会师傅、作坊主。也就是说，这时的生产资料只在某种程度上具有了资本的性质，但还不是独立的资本；劳动也只是部分地具有了雇佣劳动的性质，但还不是完全意义上的雇佣劳动。初起时资本和劳动还合而为一，二者都还没有形成相对独立的形态，还没有两相分离、公开两立，二者之间的差别只表现为均未取得相对独立形态的两极之间的内在差异。只是随着生产力的发展、机器大工业的出现，劳动与资本才成为分离而疏远的两极，展现出彼此完整的现实态之间的区别。

2. 也有些共时态的矛盾，初起时一极已具有独立形态，另一极虽已萌生但还潜藏于此极之内，未具独立形态，二者直接合一。此时两极的区别也是一种内在的差异，但显然不同于均未取得相对独立形态的两极之间的内在差异，而是在已经取得独立形态的一极内部潜藏着未具独立形态的另一极这样一种内在差异。当矛盾展开，另一极也取得自身独立形态时，才显现出共时并存的两极完整的现实态之间的相互区别，“犹如在母亲长期怀胎之后，第一次呼吸才把过去仅仅是逐渐增长的那种渐变性打断——一个质的飞跃——从而生出一个小孩来那样”①。这有些类似于历时态矛盾，因为历时态矛盾总是现实态的一极

① [德]黑格尔著，贺麟、王玖兴译：《精神现象学》上卷，商务印书馆 1983 年版，第 7 页。

包含着潜在的另一极。所不同的是，共时态矛盾原潜藏的另一极获得独立形态后，原具独立形态的一极并不失去其现实态，两极现实态同时并存。而历时态矛盾潜在一极转化为现实态，原现实态的一极就转化为潜在的，两极的现实态历时并存。

3. 还有些共时态的矛盾，两极在矛盾发生前已各具独立形态，只是在一定条件下"两极相逢"，彼此才发生对立统一关系。在这些矛盾中，两极之间的相互区别就没有上述矛盾的那种初起时存在"内在差异"的情况，而自始至终表现为共时并存的两极完整的现实态之间的相互区别。如动物的求偶匹配，以及我们常讲的"棋逢对手，将遇良才"等这一类个体存在于先，矛盾发生于后的现象，都是这种情况。

4. 另有一种情况，就是有些共时态矛盾的两极，如硬币之两面，其现实态与矛盾俱生，天生地成，相互为体，它们之间的相互区别同样自始至终表现为共时并存的两极完整的现实态之间的差别，但这种完整的现实态并不一定意味着两极在空间上脱离同一载体而各自取得独立的空间形态，而是意味着两极各自始终都在性质上有明确的、完整的、现实的规定性。如磁之两极，物之上下、左右、前后、表里，事物之个性与共性等。这显然不同于那种两极先有内在差异后有公开两立的情况，也与上述个体存在于先、矛盾发生于后的情况有所不同。

(二)共时态矛盾两极的相互否定

这主要表现为共时并存的两极各以自身表现着对方的否定方面，或者说以自身的存在来否定对方。如果说两极的相互区别还只是表现出正相反对的两极之间的差别，因而是对立性的消极表现的话，那么相互否定则是正相反对的两极相互作用的一种形式，是对立性的一种积极的表现。在军事斗争中，一方的进攻表现着对方的防御的否定方面，或者说，一方的进攻态势就否定了对方也处于同样的态势，反之亦然。

当我们研究共时态矛盾两极的相互否定时，要注意它与以下两种情况的区分：

1. 当我们探讨矛盾双方在矛盾发展中不同的地位和作用时，往往把旨在维持现存的矛盾关系的方面称为矛盾的肯定方面，而把旨在消除现存矛盾关系的方面称为矛盾的否定方面。这里的肯定、否定，是指两极与矛盾总体的关系而言，并不是讲的两极之间的关系。如资产阶级出于维护自身的利益要保持资本主义生产关系，而无产阶级为争得自身的解放要打破资本主义生产关系，一为矛盾的肯定方面，一为矛盾的否定方面。这里的肯定、否定，是指它们各自在矛盾发展中不同的地位和作用而言，不是指二者彼此之间的关系。如果说二者之间的关系，当然也有相互否定的一面，即无产者表现着资产者的否定方面，或者说无产者的存在就否定了资产者有与无产者同样的性质、地位。反之亦然。

2. 历时态矛盾两极的相互否定是在四维时空中通过两极现实态的替代转换表现出来的。如军事斗争中一方由进攻转入防御，攻与防在这里作为同一主体所处态势先后变化的两个环节，二者也是相互否定的，但这是历时并存的两极之间的相互否定，必须在时间的流动中经过转化的环节才能完整地显现出来。这与我们前面讲的那种共时的此一方之进攻与彼一方之防御之间的相互否定，在表现形式上有明显的不同，共时并存的两极之间的相互否定在同一个时间内即可显现出来。

(三)共时态矛盾两极的相互排斥

主要表现在以下两个方面：

1. 许多共时并存的两极要在空间上保持一定的距离，甚至有互相远离的倾向。磁之两极虽为同体，却各居一端。人际关系，不仅在不和谐的关系中会产生彼此的距离，即使在夫妻、知心朋友这种亲密的关系中适当的距离也是必不可少的。正如有人所讲，“距离是情感的添加剂”，适当的距离会加深双方的互相理解和体贴尊重，缩短乃至取消这种距离有时倒会使双方产生情感上的负效应。在一定条件下，两极的相互排斥正是两极统一的一种形式。当然，两极距离的加大超过了一定的限度，会导致双方的疏远甚至脱离，而双方的脱离则意味着对立统一关系的完结。只要对立统一关系的保持对双方还是必要的，两极之间在空间上的距离及其互相远离的倾向就须控制在一定的限度之内。这是两极相互排斥的空间形式。

当然，并不是所有共时并存两极的相互排斥都要采取这种空间形式。如人的行为的先天因素与后天因素共时并存，其相互排斥只表现为各自性质的保持和不随意混淆，而在空间形式上是无法区分的，当然也就没有空间距离的保持或远离问题。

2. 共时并存两极的性质和地位不容许随意相混淆，这是两极相互排斥的最主要形式。在共时态矛盾的存在和发展中，两极在各自性质的保持和地位的占有上都会表现出一定的排他性。两极在性质上正相反对，互为对立面，这是任何矛盾得以成立的基本前提，因而共时并存的矛盾双方在矛盾存在期间也必然会保持彼此正相反对的特有性质。其间尽管有两极相互渗透的情况，但那只涉及局部，且要经过同化吸纳，因而在一定限度内并不影响两极各自整体性质的保持。至于两极在矛盾中的地位，在不同形态中，历时态矛盾的两极必须地位对等，而共时态矛盾的两极在地位上可以对等，也可以不对等，于是就有平列或主从的不同格局，这种格局一经形成即具有相对的稳定性，两极，特别是占主导地位的一极在一定期间内会保持自身的地位，维持相对的平衡；平衡的打破，格局的改变，需要经过两极相互的斗争。在社会中，正义与邪恶作为共时并存、正相反对的两种势力毫无疑问会保持各自的特质，其间虽有相互的渗透，却无碍各自整体性质的保持；在健康的社会中，正义的力量会居于主导的地位，它不会容忍邪恶势力的猖獗；邪恶势力虽然不放过任何兴风作浪的机会，但在正义力量强有力的制约下，只能处于被钳制的地位。邪不压正，是说它没有力量也没有条件压正。如果社会条件发生逆转，二者在斗争中力量的消长发生相反的变化，也会出现邪恶势力暂居上风的情况，那就意味着矛盾的发展进入了新的阶段。在新阶段上，两极在各自性质的保持和地位的占有上仍会表现出排他性。当然，有的共时态矛盾，如城乡矛盾、脑力体力劳动的矛盾，如果具备必要的条件，在其发展的一定阶段上会出现两极的融合。融合意味着两极各自原有性质和地位的消失，也就是矛盾的消解、终结，因而是矛盾最终解决的一种形式，只有在矛盾发展的特定阶段上和一定条件下才有可能实现。这与矛盾存在和发展中两极在性质和地位上的排他性是不同的两回事。

(四)共时态矛盾两极的相互斗争

这主要表现为两极的现实态在共时的交接中，各以一定的方式来限制、改造、压迫乃至消杀对方、克服对方。中国古代哲学中讲的“相克”，实际就是共时并存的两极相互斗争的一种情况。

由于矛盾性质和情况的不同，共时态矛盾两极相互斗争的具体方式具有多样性。自然界中，有物种之间的物竞天择、优胜劣汰。社会中，有人民内部的批评和自我批评，又有敌我之间的和平的与暴力的两手。社会中的经济、政治、文化等各个领域，不仅矛盾的内容不同，其两极共时交接相互斗争的方式也不同。即使在同一个矛盾中，在矛盾发展的不同阶段上，由于条件的变化和矛盾具体情况的改变，斗争的方式也会随之转变。在各种斗争方式中，对抗即矛盾双方剧烈的外部冲突是一种极端的形式。毛泽东曾指出："对抗是矛盾斗争的一种形式，而不是矛盾斗争的一切形式。"①在某些矛盾发展的特定阶段上，对抗是不可避免的。例如"在阶级社会中，革命和革命战争是不可避免的，舍此不能完成社会发展的飞跃，不能推翻反动的统治阶级，而使人民获得政权"②。然而，正如毛泽东所指出的，"我们必须具体地研究各种矛盾斗争的情况，不应当将上面所说的公式不适当地套在一切事物的身上"③。我们应该承认矛盾斗争形式的多样性：一要承认不同性质的矛盾斗争形式会有所不同；二要承认同一个矛盾在其发展的不同阶段上由于条件和情况的不同其斗争方式也会有所变化。这样，我们就会根据矛盾的性质和具体情况，牢牢地把握选择和采取具体的斗争方式的主动权。

矛盾双方的相互斗争是矛盾对立性最活跃的一种表现。这在共时态矛盾中表现得极其充分。在矛盾的量变阶段，矛盾双方斗争的结果，或是维持原有的平衡，或是打破旧的平衡，建立新的平衡。在矛盾的质变阶段，矛盾双方斗争的结果，则或是延缓或是促成矛盾的最终解决。无论如何，是两极的相互斗争推动着矛盾的实现、展开和解决，它对于矛盾的存在和发展所起的这种重要作用是不容忽视的。

与历时态矛盾相比较，共时态矛盾两极相互斗争的最根本的特点

---

① 《毛泽东选集》第一卷，人民出版社 1991 年版，第 334 页。

② 《毛泽东选集》第一卷，人民出版社 1991 年版，第 334 页。

③ 《毛泽东选集》第一卷，人民出版社 1991 年版，第 334—335 页。

在于它是在两极现实态的共时交接中进行的，这使它有可能具有远比历时态矛盾两极的相互斗争更为生动和丰富的形式。下一章研讨历时态矛盾的对立性时，两相比较，这一点将看得更加清楚。

二、共时态矛盾的同一性

同一性是辩证矛盾的另一重要基本属性，其基本表现是对立面的相互联系、相互依存、相互贯通。共时态矛盾的同一性在这几个方面也有自己的特殊表现，这些特殊表现与共时态矛盾对立性的特殊表现有着一一对应或交叉对应的关系。

(一)共时态矛盾两极的相互联系

这是说共时态矛盾两极在相互区别的同时，又相互结合，形成彼此关联的统一体。它有直接同一和间接统一两种情况：

1. 直接同一，是对应于内在差异而言。前面已经讲过，有的共时态矛盾当矛盾初起时，两极虽已萌生，但双方都还没有取得相对独立的形态，没有公开两立，只表现为内在的差异。也有的共时态矛盾初起时一极已具有独立形态，另一极虽已萌生但还潜藏于此极之内，两极的区别也表现为一种内在的差异。在这两种情况下，两极都直接合一。这是在某些共时态矛盾的初起阶段，两极或其中一极没有取得自己完整的、独立的、现实的规定性的情况下，两极的一种直接同一，一种没有中介的直接统一。如劳动与资本在矛盾初起时的合一，母子在十月怀胎中的同为一体，都是这种情况。

应该指出，由于有的共时态矛盾的两极在矛盾发生前已各具独立形态，也有的共时态矛盾两极的现实态与矛盾俱生，自始至终各有其明确的、完整的、现实的规定性，因而上述矛盾初起时两极的直接同一在共时态矛盾中并不具有普遍性。

还有另一种直接同一，即公开两立的矛盾双方每一方内部的直接同一。马克思曾这样描述黑格尔哲学体系中范畴的辩证运动："理性一旦把自己作为正题安置下来，这个正题、这个思想就会自相对置，分为两个互相矛盾的思想，即肯定和否定，'是'和'否'。这两个包含在反题中的对抗因素的斗争，形成辩证运动。'是'转化为'否'，'否'转化为'是'。'是'同时成为'是'和'否'，'否'同时成为'否'和'是'。"[①]马克思在这里准确地概括了黑格尔关于矛盾双方每一方内部的直接同一的思想，即在反题中，"是"和"否"作为两个对立方面，其中每一方自身又都具有两重性，"是"同时成为"是"和"否"，"否"同时成为"否和"是"。中国古代哲学中的阴阳学说，认为阴阳作为两个对立方面，阴中又有阴阳，阳中亦有阴阳，也揭示了矛盾双方每一方内部的直接同一。这种直接同一，在共时态矛盾双方公开两立的情况下，在矛盾每一方的内部都是存在的。我们看到，毛泽东在其一系列著作中曾多次谈到这种情况。在《论持久战》中，他讲道："包围和反包围——从整个战争看来，由于敌之战略进攻和外线作战，我处战略防御和内线作战地位，无疑我是在敌之战略包围中。这是敌对于我之第一种包围。由于我以数量上优势的兵力，对于从战略上的外线分数路向我前进之敌，采取战役和战斗上的外线作战方针，就可以把各路分进之敌的一路或几路放在我之包围中。这是我对于敌之第一种反包围。"[②]由此，在敌我双方每一方内部，包围和被包围、进攻和防御、内线和外线直接同一。其他，如战争与政治、胜

---

① 马克思、恩格斯著，中共中央马克思恩格斯列宁斯大林著作编译局译：《马克思恩格斯全集》第四卷，人民出版社 1958 年版，第 142 页。

② 《毛泽东选集》第二卷，人民出版社 1991 年版，第 472 页。

利与失败等，在矛盾着的每一方内部也都有这种直接同一的情况。毛泽东曾经指出："政治是不流血的战争，战争是流血的政治。"①他还曾指出："即使初战打了一个胜仗，若这个仗不但不于全战役有利，反而有害时，则这个仗虽胜也只算败了。"②这是与某些共时态矛盾初起时矛盾总体上两极的直接同一不同的另一种情况，应注意加以区分。

2. 间接统一，是对应于两极完整的现实态之间的相互区别而言。共时态矛盾中，矛盾初起时只存在内在差异的两极随着矛盾的展开会各自取得完整的现实态；也有的矛盾的两极在矛盾产生前已各具独立形态，或两极的现实态与矛盾俱生而来。在各自具有完整现实态的两极之间，一方面公开两立，一方面又互相结合，形成统一，一种间接的、有中介的统一。这里的中介即对立面自身，对立面互为中介，也就是说每一方都要通过对方来映照自己，确证自己的存在和本质，任何一方都是映照对方的一面镜子，真映照假，善映照恶，美映照丑，哪一极都不能孤立地保持自己作为对立面的存在。

历时态矛盾的同一性也有间接统一的情况，但那是历时并存的两极现实态之间，经过转化的环节，在四维时空中显现出来的间接统一。而共时态矛盾的间接统一则发生在共时并存的两极现实态之间，在同一个时间中即可显现出来。

(二)共时态矛盾两极的相互依存

这是说共时并存矛盾的两极在相互作用中发生联系，在这种联系中双方作为对立面互为存在的前提和条件，互不可缺。所谓作为对立

① 《毛泽东选集》第二卷，人民出版社1991年版，第480页。

② 《毛泽东选集》第二卷，人民出版社1991年版，第221页。

面，就是说不是作为实体。有些矛盾在消解后，其两极作为对立面不再存在，但作为实体仍然存在。作为脱离了原对立统一关系的实体，其间便不再有互相依存的关系，不再互为存在的前提和条件。如合同双方，在合同关系中互不可缺，但合同关系一旦解除，双方便不再有原来意义上的那种互不可缺的关系。共时态矛盾两极的这种相互依存，主要表现在以下几个方面：

1. 相互创造，相互规定。共时并存的两极一方面相互否定，各以自身表现着对方的否定方面，或者说以自身的存在来否定对方；另一方面，又相互创造，相互规定，每一方都由于实现自身而创造对方，做出关于对方的规定。在阶级社会里，剥削阶级的剥削行为不仅塑造出剥削阶级自身，同时也创造出被剥削阶级；而剥削行为的规模、程度和方式，不仅规定了剥削阶级自身的若干特点，同时也规定了被剥削阶级的若干特征。反之亦然。

2. 相互保证，相互促进。共时并存的两极一方面要互相限制、互相约束，另一方面每一方的存在和发展除了自身的力量之外，还要得到来自对方的支持和保障，而每一方自身的发展也同时为对方的发展创造了新的条件，提出了新的要求，从而成为对方前进、发展的促进力量。工业的发展需要农业提供的原料、粮食，农业的发展需要工业提供的机械化装备、农膜、化肥。精神文明建设需要物质文明建设提供基础，物质文明建设需要精神文明建设提供智力支持和方向保证。新的进攻性武器的出现，会促进防护性装备的研究和发展，而新的防护性装备的推出，又会促使进攻性武器更新，提高到新的水平，形象地说，就是“道高一尺，魔高一丈”。大鱼吃小鱼，本来是一方对另一方的消杀，然而在一定的限度之内，肉食性鱼类吃掉的往往是小鱼中的弱者，剩余部分反而长得更好。这样，在适当的比例之内，小鱼保证了肉食性鱼类的食源，肉食性鱼类又促进了小鱼的优化。陆地上肉食性动物与食草类动物之间也有类似的关系。世界上的事情就是这样，相反而又相成。

（三）共时态矛盾两极的相互贯通

这表现为两极现实态共时的相互渗透、相互转化。

1. 相互渗透。共时并存的矛盾双方一方面相互排斥，彼此保持一定的距离甚至有互相远离的倾向，每一方在自身性质的保持和地位的占有上有一定的排他性，另一方面却又各向其对立面渗透，深入到对方的构成或本质中去，造成“你中有我，我中有你”的复杂情形，生动地表现出两极相互贯通的性质。两极之间的这种相互渗透在一定的限度以内只涉及部分要素，且要经过被渗透一方的同化吸纳，因而并不影响两极各自整体性质的保持和地位的占有，但却可以在两极的发展中起一种互补的作用。中国历史上儒、释、道三家，一方面互相排斥，另一方面又互渗互补，在保持各自基本风貌的前提下互相吸收借鉴也是十分明显的。当代世界上社会主义与资本主义之间，也是既相互对峙，又相互渗透。过去在“左”的思想的影响下，我们没有大胆地从资本主义社会吸取对建设社会主义有用的文明成果，是一个缺点。现在，我们对外开放，敢于吸收资本主义中有用的方法、手段来发展生产力，建设有中国特色的社会主义，正是社会主义有强大生命力的一个表现。当然，我们在坚持对外开放的同时，也要强调抵制资本主义的一切腐朽的东西。在两极的相互渗透中，渗透一方总是要对被渗透一方施加尽可能大的影响，而被渗透一方则以自身存在和发展的需要为尺度，对渗透的内容或吸收或改造或拒斥。两极的相互渗透与相互排斥本来就如硬币之两面，不可或缺。

当相互渗透保持在一定的度的范围内时，并不会引起矛盾双方质的变化。但当相互渗透达到一定的关节点，就可能引起两种变化：一是在相互渗透均衡的情况下，导致矛盾双方的融合；二是由于相互渗透的不均衡，会使一方于无形中被对方所“化”掉。从一定的意义上讲，两极的相互渗透既是互补的一种形式，也是相互斗争的一种手段。矛盾的同一性与对立性本来都各有其相对性的一面，二者之间并没有不可逾越的界限，在一定的条件下是相通的。

2. 相互转化。共时并存的矛盾双方在一定的条件下同时各向其相反的性质或地位转化，这是两极相互贯通的又一重要表现。而且从一定意义上讲，这是更重要的表现，因为在相互转化中，对两极来讲都是一种质变，是一次质的飞跃，而对矛盾来讲，则意味着发展到了一个新的阶段或是意味着旧矛盾的解决。抗日战争中，敌人的进犯将我们过去的文化中心变成了文化落后区域，而我们则将过去的文化落后区域变为文化中心。这是文化中心与文化落后区域在一定条件下在性质和地位上的相互转化，是中国文化发展中的一个特定阶段。在当前我国产业结构的变化中，随着高档家用电器、小轿车、住宅等消费品开始大量进入居民消费中，这些行业在工业产出中所占的比重会不断上升；相反，一些原先的主要消费品生产行业，如纺织、日用轻工产品等行业，在工业产出中的比重会逐步下降。这是不同行业在产业结构中的地位在一定条件下的相互转化，这种转化的实现意味着产业结构中旧矛盾的解决。

共时态矛盾两极的相互转化有几个值得注意的特点：第一，它是在共时并存的两极现实态之间发生的；第二，两极的相互转化是同时发生的；第三，转化之后两极均未失去其现实态，只是其性质或地位已发生了质的变化。把握了这几个特点，我们就能把这种转化与历时态矛盾两极的相互转化区分开来。

第三节　两极的力量消长
——共时态矛盾的主要运动形式

共时态矛盾作为共时并存的两极相互作用的运动过程，以两极相互作用中力量的消长为主要运动形式。矛盾的同一性，决定了矛盾双方在运动中有此生彼长、此杀彼藏、相互促进、相互制约、一荣俱荣、一损俱损的一面；矛盾的对立性，又决定了矛盾双方在运动中有此消彼长、此长彼消、相互竞争、相互抑制、相互限制，甚至消杀对方的另一面。在这种运动中，矛盾有平衡和不平衡两种状态，两种状态在矛盾发展中的作用都具有两重性，或起积极的作用，或起消极的作用。平衡与不平衡两种状态相互联系，并在一定条件下相互转化。这种转化一旦遇到困难，矛盾的发展即陷入危机；如果丧失了进一步转化的可能，矛盾也就发展到了最终解决的关节点。

一、共时态矛盾在两极力量消长中运动

共时态矛盾的两极在相互作用中，其力量的大小、强弱有时是均衡的，更多的时候是不均衡的，而且其力量的对比时时在变动。

军事斗争中，敌对双方，一强一弱，有可能暂时保持不稳定的平衡；但随着斗争的演进，既有可能强者更强，彻底压垮弱者，也有可能强者遭到削弱，弱者得到增强，以致最后原先的弱者成为强者，原先的强者

变为弱者，斗争出现相反的结局。

军队内部诸兵种之间，也有个力量对比问题。当前，随着军队现代化建设的进展，高技术兵种，包括航空航天部队、海军、机械化部队等在装备质量和兵力数量上迅速提高，在兵种合成中已占有越来越大的比重。

国际之间，当代世界各国在激烈的综合国力竞争中，更是此起彼伏，构成变化万千的多极世界。它所包含的多重共时态的对立统一关系，其两极力量的消长呈现多变的趋势。

这都说明，共时态矛盾是在两极力量消长中向前运动的。

《黄帝内经》中讲，"阴静阳躁，阳生阴长，阳杀阴藏"。宋代程颢也指出："万物莫不有对，一阴一阳，一善一恶，阳长则阴消，善增则恶减。斯理也，推之其远乎？人只要知此耳。"[①]这说明古人很早就注意到了两极力量消长这种现象，并且看到了这种运动形式的普遍性。

然而，在两极力量消长中，"阳生阴长，阳杀阴藏"与"阳长则阴消，善增则恶减"实际是两种不同的情况。前者是共生共荣、一损俱损，后者是此长彼消、此增彼减。这是由于矛盾的同一性和对立性这两重不可分离的基本属性的作用，使两极力量消长的运动呈现出不同的侧面。任何矛盾两极力量消长的运动都存在这两个侧面，但在不同性质矛盾的不同发展阶段上，这两个侧面各自表现的程度和方式也有所不同。一般来说，在非对抗性矛盾中，特别在机体各组织、各器官之间这种共生结构型矛盾关系中，两极力量的消长更多地表现出共生共荣、一损俱损的一面。当然在矛盾的某些阶段，也会出现某极亢进、过盛，从而压

① (宋)程颢、程颐：《二程集》第一册，中华书局1981年版，第123页。

抑、损害对极的情况，这就会造成矛盾发展的困难，使机体出现病态，从长远、根本上说，这种情况对亢进、过盛的此极本身也不利。因此，多数会通过调整重新形成平衡。而在对抗性矛盾中，在其萌发、展开的过程中也会表现出此生彼长的一面，如资本的每一步发展都同时意味着雇佣劳动力量的增长，反之亦然；而军事斗争中也有着“道高一尺，魔高一丈”，竞相增长的情况。但对抗性矛盾的双方在相互交接斗争中，特别在决战时期，则更强烈地表现出相互消杀、此长彼消的一面，以求达到克服对方的目的。矛盾两极力量消长的这些不同表现，形成矛盾发展的不同格局，体现出矛盾运动的不同趋势。

二、两极力量消长中的平衡及其作用的二重性

共时态矛盾两极力量消长的运动有平衡和不平衡两种状态。两极力量的平衡对矛盾的稳定和正常发展具有决定意义。伯阳父讲：“夫天地之气，不失其序，若过其序，民乱之也。”这里的“序”正是平衡的一种表现，也是维持平衡的一种方式。这句话非常明显地表现出古人对天地系统的秩序和阴阳两种力量的平衡的重视。中国古代的阴阳学说一贯强调平衡，认为“阴阳和而万物得”，即阴阳的平衡、谐和是万物正常存在和发展的必要条件，而平衡与秩序的打破则意味着混乱和灾难，中医学的阴阳理论就提出：“阴阳匀平，以充其形，九候若一，命曰平人”，“阴阳乖戾，疾病乃起”，强调为保证人的健康长寿，必须设法保持人体的整体平衡。中国古代五行学说中五行之间的相生相克是最基本的关系，其中木生火，火生土，土生金，金生水，水生木；木克土，土克水，水克火，火克金，金克木。五行中的每一行都承受着“生我”“我生”“克我”“我克”四种关系，就每一行的关系总和以及五行结构整体来看，相生相

克是平衡的。正是五行之间的这种生克关系，维持着事物的正常生化和协调发展。从中不难看出，五行学说也将平衡视为事物正常生化协调发展的必要条件。而儒家的中庸学说，实质也是要在对立的两端之间保持平衡，不偏不倚取其中，以避免对立的激化和事物的转化，追求稳态和长存。

两极力量消长中的平衡，可以是力量上的均势的平衡，也可以是非均势的平衡。马克思讲的“一物不断向另一物落下，又不断从该物飞开，是一个矛盾。椭圆便是这个矛盾得到实现和解决的运动形式之一”①，是自然界中两极力量处于均势平衡的一个例子。社会中势力相当的两大社会集团之间的并列相处，势均力敌的两大军事集团的相持对峙，也是两极力量均势平衡的表现。但当两极力量一大一小、一强一弱时，由于矛盾双方的互不可缺，也会形成某种平衡，即非均势平衡。如自然界中凶猛的肉食类动物在一定的限度内可以限制弱小动物的发展，避免弱小动物的繁殖过剩。这一定的限度就是非均势平衡的度。人类社会中各种社会力量之间也有大小、强弱之分，但在一定条件下可以形成相对稳定的运行秩序，这也是一种非均势平衡。

毛泽东指出：“所谓平衡，就是矛盾的暂时的相对的统一。”②这句话一语道出了平衡的实质乃是矛盾的同一性。正是两极相互依存、相互贯通的性质使平衡成为可能，使平衡成为矛盾稳定和正常发展的决定因素。同时，这句话也指出了平衡的特点，即暂时性和相对性。矛盾的平衡是两极力量消长中暂时的、相对的现象，两极力量消长的不断变

---

① 马克思著，郭大力、王亚南译：《资本论》第一卷，人民出版社 1963 年版，第 83 页。

② 《毛泽东著作选读》下册，人民出版社 1986 年版，第 769 页。

化才是绝对的，因此平衡并不是凝固的，而是动态的，随着时间、地点、条件的变化，旧的平衡不断被打破，又不断建立起新的平衡，以维系矛盾的存在和发展。中庸学说主张两端执其中，但它强调“时中”，也就是说，所谓“中”并不是固定不变的，只有根据具体情况，审时度势，才能真正做到“执其中”，以保持两端的平衡。

既然平衡对矛盾的稳定和正常发展具有决定意义，那么应该如何评价平衡的这种作用呢？

从矛盾本身来讲，这种作用具有二重性：当矛盾处于萌发和上升时期，矛盾有其存在理由的时候，两极力量消长中的动态平衡有利于矛盾稳定协调的发展，显然起着积极的作用；但在矛盾的衰落和瓦解时期，矛盾失去其存在的理由，平衡就起着消极、阻碍前进更新的作用。

而从主体的角度来看，平衡的作用也具有二重性。主体总要以自身存在和发展的需要为尺度，来判断各种具体矛盾与自身的价值关系。对主体而言，只有那些主体需要其稳定协调发展的矛盾中的平衡才有积极的意义，主体会努力保持、改善这种平衡；而主体需要改变其关系格局或求取其彻底解决的矛盾中的旧有的平衡则具有消极的意义，主体会努力打破这种平衡，建立新的关系形式或使矛盾彻底解决。

当我们把矛盾作为社会实践中的客体，平衡对矛盾本身作用的二重性是以客体的尺度来衡量的，对主体来讲这是一种“外的尺度”；而从主体角度来看的平衡作用的二重性，则是以主体“内的尺度”来衡量的。主体要真正在实践中达到自己的目的，必须做到两个尺度的统一，即真理尺度与价值尺度的统一。

三、两极力量消长中的不平衡及其作用的二重性

在共时态矛盾两极力量消长的运动中，平衡是暂时的、相对的，更多的情况是不平衡。此长彼消会出现不平衡，共生共长中的不均衡也是一种不平衡。

在经济发展中，产业结构是不断变化的。随着新行业的迅速发展，一些老行业的地位迅速下降，有的陷入行业性困境。日本从 20 世纪 50 年代后期开始，纺织工业、煤炭工业、冶金工业、造船工业、机床工业等都曾开工不足，出现亏损。当前我国某些传统轻工行业、煤炭工业、某些机械行业、某些军工行业中的相当一部分国有企业的困境也不仅仅是体制问题，而与经济发展中产业结构的变化有密切的关系。新的行业迅速崛起，老的行业地位下降，甚至陷入困境，这是此长彼消型的不平衡。

在改革开放和社会主义现代化建设中，全国各个地区都在向前发展，但发展的速度并不均衡，东南沿海地区，特别是经济特区的发展速度大大超过其他地区，人均收入消费水平在不同地区之间拉开了差距，这是共生共长型的不平衡。

中国古代的阴阳、五行学说强调平衡，但也研究了不平衡现象。“阴盛则阳病，阳盛则阴病”，是阴阳的不平衡。五行的“相乘相侮”是五行之间的不平衡。五行中的每一行如果过于亢盛，那么在“我克”的关系中就会对所克的对象产生超过正常限度的克制，称之为“相乘”，并反过来对“克我”关系中克制自己的对方加以欺凌，名之曰“相侮”或“反侮”。五行中的每一行如果发生力量不及的情况，则“克我”关系中的对方就会来相乘，而“我克”关系中的对象也会来反侮。

两极力量消长中的不平衡会造成矛盾发展中的异常和不稳定。阴阳五行学说往往强调这种异常和不稳定的负效应，认为它会造成混乱和灾难。这的确是不平衡的作用中不可忽视的一个方面。当矛盾本身需要稳定协调发展，而矛盾本身的稳定又为实践中的主体所需要的时候，不平衡的负面作用就凸现出来，成为需要克服和消除的对象。邓小平同志多次指出，要实现社会主义现代化建设的目标，需要两个条件，一个是国际上的和平环境，另一个是国内安定团结的政治局面。为了争取国际和平环境，邓小平同志制定了独立自主的和平外交政策。他反复申明："我们应当用和平共处五项原则作为指导国际关系的准则"，中国要多方面找朋友，"欢迎发达国家同我们合作，也欢迎发展中国家相互之间的合作"①。但邓小平同志也清醒地看到，"发达国家欺侮落后国家的政策没有变"，"世界上希望我们好起来的人很多，想整我们的人也有的是"，因此，"我们自己要保持警惕，放松不得。要维护我们独立自主、不信邪、不怕鬼的形象。我们决不能示弱"②。为了在国内实现安定团结的政治局面，邓小平同志反复强调，"中国在国际上处于落后状态，中国要发展起来，要实现四化，政治局面不稳定，没有纪律，没有秩序，什么事情都搞不成功"，"我们搞四化，搞改革开放，关键是稳定"，"中国的问题，压倒一切的是需要稳定"③。因此，"凡是妨碍稳定的就要对付，不能让步，不能迁就"，当然，"控制局势要注意方法"，我们"不能搞运动，方法以教育、引导为主"，然而，"如果有人搞得我们

① 《邓小平文选》第三卷，人民出版社 1993 年版，第 283、282 页。
② 《邓小平文选》第三卷，人民出版社 1993 年版，第 319—320 页。
③ 《邓小平文选》第三卷，人民出版社 1993 年版，第 249、286 页。

总是不安宁，也不能排除使用某种专政手段，使用纪律、法律手段”①。而“加强控制是为了稳定，是为了更好地改革开放，进行现代化建设”②。

但是，我们在正视不平衡的负面作用的同时，也要看到不平衡作用的另一面，即当矛盾旧有的平衡已成为阻碍矛盾前进、更新的因素，而矛盾的前进、更新又为主体所需要的时候，不平衡即显现出其正面的积极的作用，成为矛盾前进、更新的契机，它打破了旧的平衡，就为建立新的平衡或使矛盾彻底解决提供了条件和可能。在经济发展中，我们需要平衡，需要经济稳定、协调地发展，“但稳定和协调也是相对的，不是绝对的。发展才是硬道理”③。我们不能总在一个层次、一个水平上徘徊。邓小平同志在回顾我国这些年经济发展的历程时指出，经济发展比较快的是 1984 年至 1988 年，这五年，首先是农村改革带来许多新的变化，而农副产品的增加、农村市场的扩大、农村剩余劳动力的转移，又强有力地推动了工业的发展。在此期间，我国财富有了巨额增加，整个国民经济上了一个新的台阶。1989 年开始治理整顿。“治理整顿，我是赞成的，而且确实需要。经济‘过热’，确实带来一些问题。比如，票子发得多了一点，物价波动大了一点，重复建设比较严重，造成了一些浪费。但是，怎样全面地来看那五年的加速发展？……那五年的加速发展功劳不小，这是我的评价。治理整顿有成绩，但评价功劳，只算稳的功劳……如果不是那几年跳跃一下，整个经济上了一个台阶，后来三年治理整顿不可能顺利进行。看起来我们的发展，总是要在某一个阶

① 《邓小平文选》第三卷，人民出版社 1993 年版，第 286、211 页。
② 《邓小平文选》第三卷，人民出版社 1993 年版，第 287 页。
③ 《邓小平文选》第三卷，人民出版社 1993 年版，第 377 页。

段，抓住时机，加速搞几年，发现问题及时加以治理，尔后继续前进。从根本上说，手头东西多了，我们在处理各种矛盾和问题时就立于主动地位。对于我们这样发展中的大国来说，经济要发展得快一点，不可能总是那么平平静静、稳稳当当。”①邓小平同志在这里全面分析了不平衡的正负效应。一方面，加速发展中的不均衡使农业和工业、农村和城市相互推动、相互促进，从而使整个经济上了一个台阶；另一方面，加速发展中的不均衡也带来了一些负面作用。对负面作用，应积极调整，予以克服。但对其正面作用则应充分予以肯定。在需要加速发展的时候，我们要敢于打破旧的平衡，善于建立新的平衡，不能谨小慎微，不敢解放思想，不敢放开手脚，那就会丧失时机，贻误发展。

四、两极力量消长中平衡与不平衡的联系与转化

平衡与不平衡作为两极力量消长运动中的两种状态，如上所述，在矛盾发展中有着不同的地位和作用。但二者又并非截然两分，而是有着密切的联系，并在一定条件下相互转化。

平衡与不平衡的联系首先表现在二者的相互包含。平衡是两极力量消长运动中暂时的相对的状态，在这种状态中，矛盾并没有停止运动，而是仍在时时发生两极力量消长的变化，在总体平衡中总会包含着局部的不平衡，这种变化一旦超出一定的限度，矛盾总体就会转入不平衡状态。而在不平衡状态中，两极相互制约的本性又使两极在力量消长中相互拉动，趋向平衡。因此，平衡中总是包含着不平衡的因素，而不平衡中又包含着趋向平衡的内在要求和潜能。

---

① 《邓小平文选》第三卷，人民出版社 1993 年版，第 376　377 页。

平衡与不平衡的联系还表现在二者都以对方为自己存在和实现的媒介。平衡与不平衡相互依存，互为存在的前提，各自都从对方映照和确证自己的存在。而且，它们都要通过对方才能实现自己。马克思说过，社会生活中各种政治力量的平衡“正是表现于其中各个力量时胜时败的现代运动”①，并指出现实中达到平衡的这种方式是唯一可能的方式。从普遍意义上说，共时态矛盾两极力量消长中的平衡总要通过不平衡来实现，而不平衡则是从旧的平衡发展而来，又要在一定条件下向新的平衡转化而去。

平衡与不平衡在一定条件下可以相互转化，这当然也是二者之间的一种联系，但这是一种特殊的联系，是共时态矛盾两极力量消长运动中交替出现的两种不同状态之间的纵的联结，是以转化为枢纽的一种历时性的联系，而转化的实现则需要一定的内外条件。当矛盾处于平衡状态时，由于矛盾自身或外界的原因，使矛盾一方过于亢盛，或过于虚弱，都有可能使矛盾关系失衡，打破原有的运行秩序，转入不平衡状态。当矛盾处于不平衡状态时，矛盾双方发挥其相互制约的作用，相互限制，相互促进，或在外界力量参与下对矛盾关系进行一定的调整，都有可能扭转两极关系的失衡，使之转为平衡。中医学的阴阳理论认为人的机体如果阴阳某一方亢盛，那么与它相对的另一方就会起抵消其偏盛的作用，从而维持平衡；如果这个抵消作用不能控制对方的偏盛，或抵消功能因故丧失，机体就会出现病态。所以中医医生诊治病人，主张察色按脉，先别阴阳，确定病人究属阴虚阳亢，还是阳虚阴盛，“谨察

① 马克思、恩格斯著，中共中央马克思恩格斯列宁斯大林著作编译局译：《马克思恩格斯全集》第四卷，人民出版社 1972 年版，第 329 页。

阴阳所在而调之，以平为期”。五行学说则指出，一旦五行中的某一行出现太过或不及的情况，都有可能出现相乘、相侮的现象，这种现象出现后，由于五行之间交错的连锁式的生克关系，五行结构内部会产生一种刚好相反的力量，将超过限度的克制压制下去。古人把超过限度的克制称作“胜气”，把反过来压制胜气的力量称作“复气”。经过复气对胜气的调节作用，会使五行结构恢复相对平衡的状态。古人对于平衡与不平衡相互转化的这些认识，对我们很有借鉴意义。

平衡与不平衡的相互转化，是共时态矛盾两极力量消长运动得以展开的形式，一旦这种转化遇到困难，矛盾的发展便会陷入危机；如果丧失了转化的可能，矛盾也就到了最终解决的关节点。在这里，转化的困难或转化可能的丧失，当然都与矛盾的内外条件有关。

从矛盾自身来讲，在下列情况下会丧失转化的可能性：

1. 两极共生共长，在协调中走向融合。两极融合为一，也就不再存在平衡与不平衡相互转化的问题。城乡之间的矛盾，体力脑力劳动的矛盾，将来都要走这条道路。

2. 某极力量过于强大，完全克服了对极。1994 年 7 月的彗木相撞，就属于这种情况。木星作为太阳系中最大的行星，其质量是地球的 318 倍，比其他所有行星组合起来还要大两倍多，SL9 彗星原被比作一条延伸 3000 万公里的“珍珠链”，它在运行中被木星的强大引力拉断，形成 22 块碎片，自 7 月 17 日起，以每秒 60 公里的高速度撞击木星，历经五天半的时间，当最后一块碎片于格林尼治时间 7 月 22 日 8 时撞击木星之后，这一举世瞩目的千古奇观落下帷幕。彗星粉身碎骨，木星伤痕累累。

3. 两极在运动中脱离了原对立统一关系。《黄帝内经》中讲，“阴阳离决，精气乃绝”（《黄帝内经·素问·生气通天》）。伊壁鸠鲁也讲过，既然把两者分开，那就不会有矛盾了，因为矛盾要在关系中才发生。[①]两极脱离，原矛盾不复存在，也就不再存在原矛盾运动的问题。

4.两极在运动中某一极消失，原对立统一关系消解。这种消失，不是由于对极将其完全克服或吃掉，而是由于此极在一定条件下自身的消亡。20世纪90年代初，东欧剧变，苏联解体，延续40多年的美苏对抗两极格局宣告终结，两极力量消长的运动也就不再继续。

在上述条件下，不论矛盾原来处于平衡或不平衡状态，两种状态间的转化都不复可能。

五、研究两极力量消长运动形式的实践意义

两极力量消长是共时态矛盾的主要运动形式。认真地研究这种运动形式，对于我们在实践中正确处理大量的共时态矛盾具有重要的意义。

第一，研究两极力量消长这种运动形式，能使我们更自觉、更深刻地认识到增强综合国力的必要性和紧迫性。现代国际间的竞争，说到底是综合国力的竞争。落后就会被动，就要挨打。自鸦片战争以来中国受帝国主义列强欺侮的历史已说明了这个问题。在现代国际关系中，这也是不争的事实。所以，邓小平同志强调我们要集中精力搞社会主义现代化建设，使我国综合国力达到世界前列。只有这样，我们才能真正自立于世界民族之林。

---

① 参见[德]黑格尔著，贺麟、王太庆译《哲学史讲演录》第三卷，商务印书馆1983年版，第59页。

第二，了解了两极力量消长运动中平衡作用的两重性，我们在实践中就要发挥平衡的积极作用，限制其消极作用。在改造自然的过程中，我们就不能只向大自然索取，而且要注意保持人与自然关系的和谐，改善生态环境，保持生态平衡。在处理人民内部矛盾时，我们就要注意统筹兼顾，服从大局，保持平衡，维护稳定。在这些矛盾中，平衡都起着积极的作用。反之，当平衡起着消极作用时，我们就要敢于打破旧的平衡。旧体制下的“大锅饭”，就是需要打破的消极平衡，因为它不利于调动劳动者的积极性，不利于发展生产力，会造成“普遍的贫穷”，而贫穷不是社会主义。

第三，把握两极力量消长运动中不平衡作用的二重性，我们就可以在实践中利用不平衡的正面效应来实现一定的目标，同时限制不平衡的负面效应以免打乱自己前进的步伐。在我们这样大的一个国家里，任何一个事关全局的重大矛盾的发展过程都是不均衡的。不正视这个现实，想齐头并进、一蹴而就实现我们的战略目标，只能陷入空想。邓小平同志则从这个现实出发，充分地把握和利用这种不平衡性，在改革中提出从经济方面开始，首先又是从农村开始，农村改革的成功推动了以城市为重点的全面经济体制改革，经济体制改革的成就又促进了政治体制改革和相应的其他各个领域的改革，逐步地实现了改革的整体推进；在对外开放中决定先搞深圳经济特区，后来进一步开放沿海14个港口城市，又建立了海南经济特区，这些地区对外开放的成功，消除了人们的疑虑，加大了对外开放的步伐；在社会主义现代化建设中则允许一部分人、一部分地区先富起来，先富带后富，先发展起来的地区带动后发展的地区，逐步解决贫富差距问题，防止两极分化，最终达到共同富裕。这样，我们就找到了现实的途径来逐步实现改革开放、社会主义现代化建设的战略目标。同时,我们对会带来负效应的经济建设中的一些失衡现象,以及物质文明与精神文明建设中的一手硬、一手软的现象等,则应注意认真地加以克服。

第四,平衡与不平衡转化的条件性,要求我们在需要实现转化时,必须认真研究转化的内外条件。一般来说,当我们需要打破旧的平衡时,就要想方设法加强或消杀矛盾某一方,使之发生有利于主体的变化。而当我们需要从不平衡转向平衡时,就要千方百计利用矛盾双方相互促进、相互制约的本性,对矛盾关系进行适当的调整,建立起有利于主体的运行秩序。由于矛盾性质、情况的不同,平衡与不平衡相互转化的条件很复杂,我们只能具体情况具体分析,因时因地制宜,促进转化的实现。而当我们需要延缓转化的实现,尽量保持矛盾运动的某种状态的时候,那就需要反其道而行之,尽量地使矛盾不具备转化所需要的条件。主体促进或延缓转化的目的能否实现,取决于主体能否在实践中实现主体需求与矛盾本身运动规律的统一。

第三章　历时态矛盾

历时态矛盾，是指两极的现实态不是同时并存，而是先后相继，通过转化的环节互相联结，历时并存的矛盾。历时态矛盾作为辩证矛盾存在的一种客观形态，并不是新发现，在中外矛盾学说史中都可以见到它的反映。然而，相对共时态矛盾而言，历时态矛盾的研究显然是不充分的。其原因，一是共时态与历时态矛盾的区分并没有受到普遍的重视。中国古代关于对立统一关系的认识，虽然涉及这两种形态，但并没有把它们明确区分开来，做分别的研究。西欧虽然很早就区分了对立的不同类型，如塞克斯都的“对立”与“关系”的区分，但从辩证矛盾不同存在形态的意义上对历时态矛盾进行系统深入的研究，全面揭示其特性的论述也不多见。二是对现实态非共时并存的两极能否构成具体现实的矛盾，哲学界至今尚有不同的见解，有人自觉或不自觉地认为矛盾双方必须具备同时性，把普遍意义上的矛盾归之于共时态的矛盾，这就不能不影响对历时态矛盾的研究和认识。三是历时态矛盾两极的转化与共时态矛盾两极的转化很容易在认识上发生混淆，以致人们觉得所谓历时态矛盾其实不过是共时态矛盾两极相互贯通的一种表现，从而忽略对历时态矛盾的专门研究。其实，历时态矛盾的两极转化，是同一纵向演进系列中现实态非共时并存的两极之间的转化，原现实态的一极被取代，转化为潜在的，而原潜在的一极则成为现实的。至于共时态矛盾两极的转化，则是现实态共时并存的两极由于其相互作用而各自向相反的地位、性质转化过去，两极在变化中都不失去其现实态，从而形成两个并存的纵向演进系列，两个系列的相应环节之间彼此有着横向的相互对应的关系。这两种转化，即历时态矛盾的两极转化与共时态矛盾的两极转化，尽管会有一定的联系，但其区别也是明显的，在矛盾发展中的作用也各不相同。历时态矛盾的两极转化是矛盾实现和展开的形式，只有经过转化的环节，两极的现实态才能在四维时空中相互联结，展现出矛盾存在的完整形态。而共时态矛盾的两极转化则是现实态共时并存的两极相互贯通的一种表现，矛盾往往通过这种转化而得到解决。所以，这两种转化不应该混同，而应该进行分别的研究，这恰恰是过去所注意不够的。四是对历时态矛盾研究的意义还缺乏充分的阐发。这种种情况，使对历时态矛盾的研究尤显必要和迫切。

第一节　历时态矛盾两极的内容和特点

历时态矛盾的两极也是很早就进入了人们的视野。

上一章，我们曾讲到中国西周末年的伯阳父曾用阴阳二气的相互斗争对原有秩序的打破来解释地震，在那里，阴阳二气显然是被看作同时并存、相互作用的两极。然而，中国古代的阴阳概念，不仅包含着两极共时并存的情况，而且涵盖两极历时并存的情况。阴阳概念并非凭空产生，而是古人“近取诸身，远取诸物”，通过对各种客观现象的观察分析而逐步概括提炼出来的。从自然外物来讲，它首先取之天地、日月、昼夜、寒暑、阴晴等与人类生存关系最密切的客观现象，其中天地可以看作是共时并存的两极，而昼夜、寒暑、阴晴则无疑是历时并存的两极，即使日月，古人从直观上根据日往月来的特点，实际上也是把它们看成历时并存的两极。古人所讲“一阴一阳之谓道”，绝不仅指共时并存的两极相互作用的规律，而且也包含着历时并存的两极相互推移、相互转化的规律。在一明一暗、一寒一暑、一阴一晴这种自然界基本的时间节奏中，本身就蕴含着人们必须遵循的法则。《管子》说：“春秋冬夏，阴阳之推移也；时之短长，阴阳之利用也。日夜之易，阴阳之化也。”(《管子·乘马》)范蠡说：“阳至而阴，阴至而阳。日困而还，月盈而匡。”(《国语·越语下》)《黄帝内经》说：“动静相召，上下相临，阴阳相错，而变由生也。”(《黄帝内经·素问·天元纪大论》)程颐讲：“天地之化，虽廓然无穷，然而阴阳之度、日月寒暑昼夜之变，莫不有常，此道之所以为中庸。”①在这些论述中，阴阳显然更多的是作为历时并存的两极而出现的。

中国古代先哲不仅注意到了自然现象中两极历时并存的情况，而且对社会中历时并存的两极也有描述和概括。春秋时晋国的史墨不仅描述了“王有公，诸侯有卿”这些两极共时并存的社会现象，而且提出了“社稷无常奉，君臣无常位，自古以然”(《左传·昭公三十二年》)的观点，说明供奉社稷的君主的地位不是不变的，君臣上下的关系也不是不变的。就君臣各自前后地位的变化而言，显然是一种先后相继的历时性关系。老子所讲的祸福之倚伏，以及“正复为奇，善复为妖”，彼此互

① (宋)程颢、程颐：《二程集》第一册，中华书局1981年版，第149页。

转，也是两极历时并存的现象。《管子》说："天道之数，至则反，盛则衰。人心之变，有余则骄，骄则缓怠……此危亡之时也。"(《管子·重令》)这是从天道的高度对两极历时并存的现象做了概括，其落脚点则在于劝诫人们不要因富裕而骄怠，以免由盛而衰，自蹈覆亡。军事家孙武则根据战争多变、速变、难以预料的特点，强调"战势不过奇正，奇正之变，不可胜穷也。奇正相生，如循环之无端，孰能穷之?"因此，战争的指挥者必须善于识别和利用奇正战势的无穷变化以取得胜利。这种奇正相生的关系，也是两极历时并存关系。

中国古代的阴阳学说，阴阳作为基本范畴代表正相反对的两种事物、性质、功能、力量和作用，阳的特征是刚健、明亮、活跃、向前、向上、温热、充实、外露、伸张、扩散、开放等，阴的特点是柔顺、晦暗、沉静、向后、向下、寒凉、虚空、内藏、压缩、凝聚、闭阖等。从具体内容来讲，阴阳概念涵括了天、地、人三道，所谓立天之道曰阴与阳，立地之道曰柔与刚，立人之道曰仁与义，无论自然与社会，皆遵循一阴一阳之道。从两极时间分布形式来看，阴阳既有同时并存的情况，也有历时并存的现象。这些朴素的辩证观念，无疑是我们认识辩证矛盾不同存在形态的宝贵思想前提。然而，阴阳学说对两极共时并存与历时并存两种情况的包含，并不等于说已经对这两种情况做了严谨的区分，在多数情况下，毋宁说是没做明确的区分。这就需要我们在使用这些思想资料时认真地辨别分析。

西欧先哲对历时并存的两极的认识，如赫拉克利特关于实体散聚、分合以及冷热、干湿变化的描述，塞克斯都关于在"对立"中"其一的发生即另一的消灭，反之亦然"的说明，以及黑格尔在《逻辑学》"存在论"中以思辨形式对历时态矛盾的反映等，我们在上一章已经讲过，不再赘述。此外，古希腊的四元素说，认为“火生于土之死，气生于火之死，水生于气之死，土生于水之死”[①]，其元素之间的相生关系，也是一种历时性关系。这类似于中国古代五行学说中的相生一面的内容，即所谓水生木，木生火，火生土，土生金，金生水。当然，中国五行学说中所讲的相生，不仅包含有历时性的相生关系，而且包含共时性的相互滋养、相互促进的内容，在这点上与四元素说中两极一生一死的关系并不完全相同。

黑格尔在《精神现象学》序言中曾谈到植物的花蕾、花朵、果实的依次替代，在他看来，其中同样包含着矛盾，要认识这种矛盾，就需要避免片面性，即不仅看到依次替代的环节之间的区别和对立，而且要在流动性中看到整体的生命，把握它们的统一。他是这样讲的：“这些形式不但彼此不同，并且互相排斥互不相容。但是，它们的流动性却使它们同时成为有机统一体的环节，它们在有机统一体中不但不互相抵触，而且彼此都同样是必要的；而正是这种同样的必要性才构成整体的生命。”[②]他强调把握这种矛盾的意识应该“把这种矛盾从其片面性中解放出来或保持其无片面性”，要“在看起来冲突矛盾着的形态里去认识其中相辅相成的环节”[③]。他在这里讲的矛盾不正是历时态矛盾吗？有趣的是，中国宋代的朱熹在讲“理一分殊”的时候也举过类似的例子，他说：“如一粒粟生为苗，苗便生花，花便结实，又成粟，还复本形。一穗有百粒，每粒个个完全，又将这百粒去种，又各成百粒，生生只管不已。

① 北京大学哲学系外国哲学史教研室编译：《西方哲学原著选读》上卷，商务印书馆1981年版，第21页。

② [德]黑格尔著，贺麟、王玖兴译：《精神现象学》上卷，商务印书馆1983年版，第2页。

③ [德]黑格尔著，贺麟、王玖兴译：《精神现象学》上卷，商务印书馆1983年版，第2页。

初间只是这一粒分去，物物各有理，总只是一个理。”（《朱子语类》卷九十四）朱熹的“理一分殊”说暂且不论，这里讲的粟、苗、花、实之间的生生不已的关系，不也是历时并存的诸极之间的关系吗？

费尔巴哈在《未来哲学原理》中对历时态矛盾也有过一段精彩的论述：“将对立的或矛盾的特性以一种适合实际的方式统一于同一实体中的中介，只是时间。”“最低限度对于有生命的东西来说，是这样的。例如在人中间就表现出这样一种矛盾：现在这种特性——这种感觉，这种企图——充满了我，支配了我，然而现在又有一种正好相反的特性也充满了我，支配了我。只有当一个观念排斥另一个观念，一种感觉排斥另一种感觉，还没有得到一个决定，还没有得到一个恒久的特性，精神处在对立状态的不断交替之中的时候，精神才处身于矛盾的极端痛苦中间。如果我将这些对立特性同时在我之内统一起来，这些特性就中立化了，迟钝化了，如同化学过程中的对立物一样；在化学过程中，对立物是同时并存的，它们的差别是在一个中立产物中消失了。但是矛盾的痛苦，正在于我现在热切地愿意有和有着的特性，乃是下一瞬间我同样热切地不愿有和没有的特性，正在于肯定和否定相继而来，是两个对立物，但是每一个都排斥另一个，因而每一个都以它的全部特质和锋芒来刺激我。”①费尔巴哈在这里指出历时并存的两极不断交替、相继而来，它们相互对立、相互排斥，但以时间为中介在同一实体中实现了统一，明确地把它们与同时并存的对立物区分开来。恩格斯在札记手稿《费

① ［德］费尔巴哈著，洪谦译：《未来哲学原理》，生活·读书·新知三联书店 1955 年版，第 70—71 页。

尔巴哈》中曾引录了这段话的上半部分[①]，他说："费尔巴哈把这叫作(1)矛盾，(2)矛盾的联结，并且认为(3)这是由时间来实现的……这个论点＝只有在时间中才可能有变化。"[②]恩格斯正确地指出了费尔巴哈把历时并存的两极之间既互相排斥、直接对立又互相统一的关系也叫作矛盾，但这种矛盾与同时并存的对立物之间的对立统一关系不同，其矛盾的联结是由时间来实现的。恩格斯认为费尔巴哈的这个观点等于是说只有在时间中才可能有变化。这实际已经涉及历时态矛盾在世界普遍联系之网中的地位和意义问题。这个问题我们在后面再进行探讨。

马克思主义哲学批判地继承了人类关于矛盾的认识成果，以辩证唯物主义世界观对辩证矛盾的不同存在形态，包括共时态与历时态进行了科学的分析。马克思在他的一系列著述中，一方面分析了诸如生产力与生产关系、经济基础与上层建筑这样的共时态矛盾，另一方面也分析了像资本运动形式的依次更替这样的历时态矛盾。资本运动形式的依次更替，是形态变化的链条：G－W……P……W′－G′，即货币－商品……生产过程……商品′－货币′。在这个链条中，资本的一种形态为另一种形态所否定，但这种否定乃是辩证的否定，通过辩证的否

① 参见马克思、恩格斯著，中共中央马克思恩格斯列宁斯大林著作编译局译《马克思恩格斯全集》第四十二卷，人民出版社1979年版，第362页。"只有时间是把对立的或矛盾的规定以不矛盾的方式联结在同一个存在物中的中介。至少对于生物来说，是这样的。例如在人中间就表现出这样的矛盾：时而是这种规定、这种企图支配着我，充实着我，时而又是完全另一种甚至直接对立的规定、企图支配着我，充实着我。"这段中文译文与本书所引洪谦译本的译文略有不同。

② 马克思、恩格斯著，中共中央马克思恩格斯列宁斯大林著作编译局译：《马克思恩格斯全集》第四十二卷，人民出版社1979年版，第362－363页。

定，现实的形态转化为潜在的，原潜在的形态则转化为现实的，辩证的否定把依次更替的两种形态的现实态联结在一起，在四维时空中完整地显现出二者对立统一关系的现实存在。类似的例子不胜枚举。

在《毛泽东哲学批注集》中我们看到，艾思奇编的《哲学选辑》中有这样一段话："矛盾的多样的性质，不是并存的。而是在发展和转化中互相关联的。"毛泽东在这段话旁边加了这样一段批语："依时间说不是并存的，依空间说是并存的。"①很明显，《哲学选辑》中所讲的"并存"乃是指的共时并存。毛泽东显然在这个意义上肯定了书中的观点，同意矛盾的多样的性质"依时间说不是并存的"，但他紧跟着笔锋一转，指出"依空间说是并存的"。这显示出毛泽东所理解的"并存"已超出了共时并存的范围，而进入了更为广阔的四维时空，考虑到了非共时并存的现象在空间中的并存问题。这里已经包含着对共时并存和历时并存这两类现象的认识和区分。而且，正如前面已经讲过的，毛泽东不仅研究了大量的共时态矛盾，而且分析了大量的历时态矛盾，并把它们分别概括为横的联结与纵的联结。

在上一章我们已经指出，尽管横的联结与纵的联结都是内的联结，但由于横与纵的不同，历时态矛盾的两极具有严格的系列依循性，即它们必是同一纵向演进系列中先后相继的两个环节；而共时态矛盾的两极则可以具有系列的跨越性，即它们可以是不同的纵向演进系列之间共时并存的两个环节。历时态矛盾的两极则不具备这种系列的跨越性。王夫之讲："少即太之稚也，太即少之老也，将一人之生，老少称为

---

① 中共中央文献研究室编：《毛泽东哲学批注集》，中央文献出版社 1988 年版，第 375 页。

二人乎?”他在这里讲的老少,就是“一人之生”纵向演进系列中的两个环节,它们先后相继,可以构成历时态矛盾的两极。至于那种共时性的此一人之老与彼一人之少,跨越了系列,则不构成历时态矛盾的两极。“天下大势,分久必合,合久必分。”合与分作为社会结构演变系列中先后相继的状态,构成历时态矛盾的两极。它们不会跨越系列,与社会其他要素纵向演进系列中的环节构成历时态矛盾的两极。

唯物辩证法的否定之否定规律就是事物发展中这种纵的内的联结的规律。毛泽东指出:“否定之否定规律是论由同一规律性所发生的现象之内的联结……因为都是同一规律性所发生的现象,虽通过种种变异阶段,依然只是完成一个种属的持续过〔程〕,依然处在同一的规律性中。”[①]肯定与否定,以及否定与否定之否定,作为先后相继、正相反对的两极,尽管有着种种的变异,但它们却是同一主体(种属)演进过程中的环节,必然遵循同一规律性。这正是历时态矛盾两极所谓严格的系列依循性的具体规定。

历时态矛盾的两极不仅有严格的系列依循性,而且具有对称性。具体地说,首先,两极必是同一系列中地位对等的两个环节,阶段对阶段,过程对过程,状态对状态,质态对质态……地位不对等的环节不能构成历时态矛盾的两极。在人类社会的发展过程中,不同社会形态以及各个社会形态的不同时期虽然都是同一系列中的环节,但只有地位对等的先后相继的两个环节,如封建社会与资本主义社会,或封建社会的上升时期与衰落时期等,才构成历时态矛盾的两极。封建社会的衰

---

① 中共中央文献研究室编:《毛泽东哲学批注集》,中央文献出版社1988年版,第117—118页。

落时期虽然与资本主义社会先后相继，但前者是小环节，后者是大环节，二者地位不对等，因而不构成这样的两极。在这里，把握对等的意义十分重要，不同的意义会对两极有不同的要求。如一年的四时变化，在季节转换的意义上，每两个先后接替的季节都是具有对等意义的两端，都可以构成历时态矛盾的两极；但在寒暑变化的意义上，只有冬寒夏暑才是地位对等的两个极端，春温秋凉只不过是两极变化的中介。一般来讲，共时态矛盾对其两极没有这样严格的要求，可以地位对等，也可以不对等，如事物的局部和整体并非对等意义的两端，同样可以构成共时态矛盾的两极。其次，历时态矛盾两极的对称性还表现为双方在质上的正相反对，每一方都是它自己的对方的对方，如胜与负、屈与伸、兴与衰、祸与福、动与静、强与弱、治与乱、骄与馁、吉与凶、战与和等，当表现为同一主体演变过程中先后相继的环节时，都是如此。在这点上，与共时态矛盾对两极的要求是一致的，即共时态矛盾的两极也必在质上正相反对。再次，部分历时态矛盾的两极在转化中保持量的守恒，如物质能量转化过程，某种形式的物质能量消失了，转化为作为对立面的其他形式的物质能量：机械能转化为热能，热能转化为化学能等，这些转化过程是典型的历时态矛盾两极之间的转化，作为对立面的两极乃是同一东西的不同存在形式，在转化中保持着量的守恒。现代自然科学用数学语言来描述这种转化守恒过程，把它们归结为“对称原理”，即运动方程在某种变换下保持不变。对称原理在现代科学中，尤其在现代物理学中起着根本的作用，不论相对论、量子力学还是基本粒子理论，全都以此为基础。当然，并不是所有的历时态矛盾的两极都有这种量的守恒的关系，例如社会领域中企业经营的盈与亏，个人利益的得与失，作为企业或个人先后经历的两种对立的状态，当然没有量的守恒的关系。而且,在物质能量转化过程中,在一定条件下其量的守恒也会受到破坏,发生“对称的破缺”。即使如此,相对共时态矛盾的两极而言,部分历时态矛盾的两极在转化中保持量的守恒这一现象仍然是一个值得注意的特点,因为共时态矛盾的两极即使在量上可以比较,也不具备这种守恒的关系,而是此消彼长,或共荣共衰,时时在变动。这样,历时态矛盾的两极就以地位的对等,质上的正相反对以及部分地以量的守恒通过转化的枢纽在四维时空中相互对称。而共时态矛盾的两极除了在质上正相反对这一点外,在其他方面与历时态矛盾的两极都不尽相同。

历时态矛盾两极的存在也是普遍的,既普遍地存在于统一的物质世界的各个领域之中,又存在于每一事物发展过程的始终。这是因为世间的任何事物都是运动发展的,而一切发展,不管其内容如何,都可以看作一系列不同的发展阶段,它们以一个否定另一个的方式彼此联系着。历时态矛盾的运动,正体现着事物发展的本性。

第二节　历时态矛盾的对立性与同一性的具体表现

历时态矛盾作为一种对立统一关系,自然也以对立性与同一性为其基本属性。对立性与同一性的基本表现,即两极的相互区别、相互否定、相互排斥、相互斗争以及两极的相互联系、相互依存、相互贯通,也为历时态矛盾所具有。但两极现实态的历时并存,表明矛盾双方相互作用的方式与共时并存的两极有所不同,于是其对立与同一的具体表现也就显现出自身的若干特点。

一、历时态矛盾的对立性

历时态矛盾的两极对立，是同一主体（种属）纵向演进系列中地位对等、先后相继的两个环节之间的对立，与横向联结的两极对立相比较，其两极的相互区别、相互否定、相互排斥、相互斗争都有特殊的表现。

（一）历时态矛盾两极的相互区别

历时态矛盾两极的相互区别，可以从静态和动态两个角度来分析：

1. 从静态来看，两极表现为一潜一现的差别。历时态矛盾两极的现实态非共时并存，当此极以现实态存在时，另一极则是潜在的；而当潜在的一极转为现实态时，原现实态的一极又转为潜在的。如战争与和平，当战争成为现实时，和平是潜在的；当和平成为现实时，战争又转为潜在的。治与乱，当天下大治时，乱是潜在的；当天下大乱时，治是潜在的。寒与暑，当寒为现实态时，暑是潜在的；当暑为现实态时，寒是潜在的。诸如此类，如果不是从动态而是从静态来看，两极即为一潜一现。潜在不是现实，但也不是虚无，而是潜藏的一种状态，含蕴着转化为现实态，并替代原现实态一极的潜能。

上一章，我们曾讲到有的共时态矛盾初起时一极已具有独立形态，另一极虽已萌生但还潜藏于此极之内，未具独立形态，此时两极只有内在的差异。这和历时态矛盾两极一潜一现的差别颇为相似。由于历时态矛盾潜在的一极不是存在于别处，而是潜藏于现实态的一极之内，因而这种一潜一现的差别也可以说就是一种内在差异。然而，这两种情况虽然相似，虽然都可以看作内在差异，但毕竟有若干的不同：首先，共时态矛盾的这种内在差异只出现在矛盾的初起阶段、萌发状态；而历时态矛盾两极的一潜一现，除了两极转化的过渡期，在矛盾发展的其他阶段，从静态来看，都是这种情况。其次，共时态矛盾原潜藏的一极随着矛盾的展开也会取得独立形态，此时原具独立形态的一极并不因此失去其现实态，于是两极的内在差异遂展现为同时各具独立形态的两极之间的相互对峙、公开两立；而历时态矛盾原潜在的一极一旦转化为现实的，原现实态的一极便转化为潜在的，两极的现实态非共时并存，只能以转化为枢纽，在四维时空中才展现出两极现实态之间的相互对峙、公开两立。这样，无论从其所处的矛盾阶段来看，还是从其本身的发展来看，这两种“内在差异”都不能混为一谈。

2. 从动态来看，历时态矛盾两极的相互区别表现为两极现实态以转化为枢纽，在四维时空中的相互对峙、公开两立。战争与和平、治与乱、寒与暑，在矛盾的运动发展中都各有其现实态，但两极的现实态不能共时并存，只能在时间的流动中交替展现，要把握它们之间的相互区别，就必须超出静态的观点，而用动态的眼光来观察。

在共时态矛盾中，两极完整的现实态之间的相互区别，或是展现于矛盾的展开阶段，或是表现于矛盾自始至终的全过程，其根本特点在于两极现实态共时并存，其间的相互区别在共存期表现出来。而历时态矛盾两极现实态之间的相互区别则必须经过两极现实态的替代转换，在四维时空中才能表现出来。

总之，历时态矛盾两极的相互区别，从静态来看，表现为一潜一现的差别；而从动态来看，则表现为两极现实态以转化为枢纽，在四维时空中的相互对峙、公开两立。它没有共时态矛盾那种在萌发阶段两极均未取得相对独立状态、只存在内在差异的情况，也没有两极完整的现实态共时并存而表现出相互差别的情况。

应该指出的是，在历时态矛盾两极转化的过渡期，两极现实态替代转换的过程中，会出现原现实态一极尚未完全潜退，而原潜在一极已展现其现实态，但还不完整、还不完善的状况。这在某种意义上也可以看作两极现实态的共时并存，但这时两极的现实态都是不完整的，一方正在潜退，一方还不完善，而且这种共时并存是过渡性的、极不稳定的，因而不能将其与共时态矛盾两极完整现实态稳定的共时并存混为一谈。过渡期内两极不完整的现实态之间当然也会表现其相互的区别，但它显然不是历时态矛盾两极相互区别的主要表现方式。

（二）历时态矛盾两极的相互否定

历时态矛盾两极的相互否定，是同一主体（种属）纵向演进系列中先后相继的两个环节之间的相互否定，是在矛盾的运动发展中经由转化的环节而表现出来的历时并存的两极的相互否定。每一极都以自身表现着对极的否定方面，或者说以自身的存在来否定对方。昼与夜，昼以自身表现着夜的否定方面，昼的现实存在就否定了夜的现实存在。反之亦然。盛与衰，盛以自身表现着衰的否定方面，盛的现实存在就否定着衰的现实存在。反之亦然。而且，由于两极是纵向联结的两个环节，它们之间的相互否定就直接表现为两极替代转换的矛盾运动，并强烈地表现出辩证否定的性质，即在否定中包含着肯定的因素。

而共时态矛盾两极的相互否定，还只是共时并存的两极相互作用的一种形式，它们虽然也各以自身表现着对方的否定方面，或者说以自身的存在来否定对方，但这种否定还不直接就是对于对方现实存在的否定，而一般表现为对于对方性质和地位的否定。两极任何一极在矛盾存在期间都不会失去其现实态，两极的相互否定与两极的同时并存是并行不悖的。任何一极现实态的失去，都意味着矛盾的终结。而历时态矛盾两极的相互否定则直接就是双方存在形态的相互否定，一极现实态的失去与另一极现实态的获得，是其相互否定的生动表现形式，它不是意味着矛盾的终结，而是意味着历时态矛盾在四维时空中的实现和展开。

(三)历时态矛盾两极的相互排斥

历时态矛盾两极的相互排斥，主要表现在以下两个方面：

1. 两极的现实态不能同时并存。中国古代韩非子说过，“寒暑不兼时而至”。实际上，“不兼时而至”是一切历时态矛盾两极的共同特点，是两极相互排斥的时间形式。这意味着两极的现实态在时间上是分离的，两极的转化既是联结两极现实态的枢纽，也是分离二者的界限。

历时态矛盾两极的相互排斥之所以要通过两极现实态的“不兼时而至”表现出来，即在于历时态矛盾的两极是同一主体(种属)纵向演进系列中先后相继的两个环节，是纵向联结的两端。而共时态矛盾两极作为横向联结的两端，则以两极在空间上保持一定距离、甚至互相远离为其相互排斥的表现形式。也就是说，两极的时空分布形式不同，其相互排斥的具体形式也不同。

2. 历时态矛盾两极的相互排斥还表现在两极在各自性质保持上的排他性。历时态矛盾与其他形态的矛盾一样，其两极在性质上正相反对。寒暑、阴晴、明暗、祸福、治乱、分合、张弛、老少等，作为历时并存的两极，其性质的截然相反是十分明显的，虽然在每一极的现实态中都包含着潜在的对极，但其彰显的却是自身特有的性质，潜在一极的特有性质只有在其转为现实态之后才有鲜明的表现。

上一章我们曾指出，共时态矛盾的两极不仅有各自性质保持上的排他性，而且有各自地位占有上的排他性。所谓地位的占有，有两层意义：一是空间位置的占有，这在共时并存的情况下是不能不产生的一个问题，两极要存在就必须各有其存在的空间，不能让对方把自己挤得没有容身之所；二是在矛盾中特定地位的占有，两极或平列，或主从，有一定的格局。这两点，对历时态矛盾的两极却不成为问题：一是两极历时并存，在空间位置的占有上两无妨碍；二是两极作为纵向联结的两端，地位必须对等，没有主从之别。

所以，对历时态矛盾两极相互排斥的表现，我们重在把握两极现实态的不能同时并存以及两极在各自性质保持上的排他性。费尔巴哈说："肯定和否定相继而来，是两个对立物，但是每一个都排斥另一个。"从他的前后论述来看，这里讲的排斥，一是指二者相继而来，不能同时并存，二是双方保持其"对立的或矛盾的特性"[①]，各不相混。这正是历时并存的两极相互排斥的主要表现。

(四)历时态矛盾两极的相互斗争

历时态矛盾两极的相互斗争，不像共时态矛盾那样在两极完整现实态的共时交接中进行，而是采取了特殊的方式。首先，它表现为潜在一极在现实态一极内部的潜滋暗长和对其旧有结构的逐渐破坏。其次，它表现为两极在条件成熟时的相互替代，潜在的一极转化为现实的，原现实态的一极转化为潜在的。如果说对抗是共时态矛盾两极相互斗争的极端形式的话，那么两极的相互替代则是历时态矛盾两极相互斗争的极端形式。黑格尔曾这样描绘新旧世界的交替："我们这个时

① ［德］费尔巴哈著，洪谦译：《未来哲学原理》，生活·读书·新知三联书店1955年版，第70页。

代是一个新时期的降生和过渡的时代。人的精神已经跟他旧日的生活与观念世界决裂，正使旧日的一切葬入于过去而着手进行他的自我改造。事实上，精神从来没有停止不动，它永远是在前进运动着……成长着的精神也是慢慢地静悄悄地向着它新的形态发展，一块一块地拆除了它旧有的世界结构……可是这种逐渐的、并未改变整个面貌的颓毁败坏，突然为日出所中断，升起的太阳就如闪电般一下子建立起了新世界的形相。"①从这种描述中，我们可以清楚地看到历时态矛盾潜在一极在潜滋暗长中对现实态一极旧有结构的逐渐破坏，以及条件成熟时两极的相互替代这两种特有的斗争方式。

值得注意的是，两极的替代是一个过程，表现为两极转化的过渡期。在这个过程中，潜在的一极已崭露为现实态，但还不是完全的现实态；原现实态的一极正在迅速潜退，但还没有完全失去其现实态。两极不完整的现实态在不稳定的状态中相互交错，完成两极形式的置换。马克思曾讲过，资本不是同时并存于流动资本和固定资本这两个规定中，"这两个规定是相互交替的"，"两个规定并列出现的那些时刻，不过是这些强制过渡和周转之间的中间时期"②。马克思在这里对历时并存的两个规定的同时并列出现的时刻做了严格的限制，因为这毕竟是两极相互替代过程中的一种过渡现象，与共时态矛盾两极现实态稳定的共时并存不是一回事。然而，这到底是历时并存的两极现实态难得的一次共时交接的机会，尽管两极的现实态都不完整，但二者在相互交

① ［德］黑格尔著，贺麟、王玖兴译：《精神现象学》上卷，商务印书馆 1983 年版，第 6－7 页。

② 马克思、恩格斯著，中共中央马克思恩格斯列宁斯大林著作编译局译：《马克思恩格斯全集》第四十六卷（下册），人民出版社 1980 年版，第 126 页。

错中难免出现拉锯式的你进我退的激烈斗争，这是在历时并存两极相互取代这种斗争方式中所内含的不可避免的现象。社会转型时期矛盾斗争的异常激烈尖锐，与此有直接的、密切的关系。

相对而言，历时态矛盾不像共时态矛盾那样，其两极的相互斗争有着那么丰富多彩的斗争方式。上一章我们已经讲过，在共时态矛盾中，由于矛盾的性质不同，发展阶段不同，具体的情况、条件不同，其两极的相互斗争可以分别采取多样的不同形式，而历时态矛盾，一般只采取上述两种特有的斗争方式。

历时态矛盾两极的相互斗争是推动矛盾实现和展开的决定力量。只有经过这种斗争，实现了两极的相互转化，历时态矛盾才能在四维时空中显现出对立统一的完整形态，才有矛盾的全面的现实展开。而这对矛盾主体的顺利发展，有着至关重要的意义。历时态矛盾的两极是同一主体(种属)纵向演进系列中的两个环节，只有通过两极的相互斗争实现了两极的转化，才有主体的顺利发展和功能的充分发挥。如流动资本和固定资本作为资本一般的形式规定，只有顺利实现相互交替，资本作为过程流动起来，才能实现最大限度的价值增殖；人类社会在发展中只有顺利实现社会形态的更替，才有生产力的更大发展和社会的新的进步。

二、历时态矛盾的同一性

辩证矛盾同一性的基本表现，即对立面的相互联系、相互依存、相互贯通，在历时态矛盾中也各有特点。

(一)历时态矛盾两极的相互联系

历时态矛盾两极相互联系的根本特点，在于它是同一主体(种属)

纵向演进系列中先后相继的两个环节之间的联系，虽然二者历时并存，在性质上正相反对，但它们实质上是同一个东西，服从于同一主体(种属)的发展规律。我们在前面已经引过王夫之“少即太之稚也，太即少之老也，将一人之生，老少称为二人乎”的话。赫拉克利特也说过类似的话：“在我们身上，生与死，醒与梦，少与老，都始终是同一的东西。后者变化了，就成为前者，前者再变化，又成为后者。”①他还说过：“神是日又是夜，是冬又是夏，是战又是和，是不多又是多余。他变换着形相，和火一样，当火混合着香料时，便按照各人的口味而得到各种名称。”②在这些朴素的观点中，尽管有些说法并不科学，但却蕴含着历时态矛盾的两极是同一个东西的合理思想。黑格尔站在客观唯心主义的立场将理念作为世界运动的真正原因，认为“那产生出运动的东西和实现过程乃是同一物……对立只是可能性与现实性的纯粹形式的对立；活动的、冲动的实质和产物是同一的”③。在其客观唯心主义的外壳中也内含着历时态矛盾的两极是同一个东西，其间的对立只是这同一个东西的纯粹形式的对立的合理思想。这一合理思想后来被马克思批判地继承和发展，他在阐述资本的运动时，指出资本总是存在于流动资本和固定资本这两个规定中，但不是同时并存于这两个规定中，这两个规定是相互交替的，他强调要把这两个相互交替的规定“理解为资本一般的形式

① 北京大学哲学系外国哲学史教研室编译：《古希腊罗马哲学》，商务印书馆 1961 年版，第 27 页。

② 北京大学哲学系外国哲学史教研室编译：《古希腊罗马哲学》，商务印书馆 1961 年版，第 25 页。

③ [德]黑格尔著，贺麟、王太庆译：《哲学史讲演录》第一卷，商务印书馆 1959 年版，第 371 页。

规定”，认为这“非常重要”①。也就是说，流动资本和固定资本作为历时并存的两极，实际是资本一般交替出现的形式规定，二者其实同为资本，都遵循资本运动的客观规律。

历时态矛盾两极相互联系的具体表现，也有静态和动态的区别：

1. 从静态来看，一潜一现的两极直接同一。潜在的一极即潜藏于现实态的一极之内，现实态的一极包含着潜在的一极，二者直接合一。除两极转化的过渡期外，在历时态矛盾发展的其他阶段，从静态来看，矛盾总体上两极的相互联系都呈现直接同一的状态。这与共时态矛盾中只在部分矛盾的初起阶段矛盾总体上两极的直接同一有明显的不同。

2. 从动态来看，历时并存的两极现实态以转化环节为中介间接统一。马克思讲过，商品的形态变化运动“代表着一个经历两个对立阶段的过程，因而，如果这个运动本质上是两个阶段的统一，那么，这个运动同样本质上也是两个阶段的分离和彼此独立”②。两极分离而彼此独立，其间的统一只能是间接的统一。而两极的分离又是时间上的分离，那么其间只能以转化环节为中介在四维时空中实现运动中的统一。在历时态矛盾中，两极现实态的统一“表现为非静止的、经历一定阶段的、同时总是双方的运动”③，它们在四维时空中的相互对峙、公开两立、历时并存，决定了它们的统一只能取这种表现方式。共时态矛盾两极现

① 马克思、恩格斯著，中共中央马克思恩格斯列宁斯大林著作编译局译：《马克思恩格斯全集》第四十六卷(下册)，人民出版社 1980 年版，第 126 页。

② 马克思、恩格斯著，中共中央马克思恩格斯列宁斯大林著作编译局译：《马克思恩格斯全集》第二十六卷(第二册)，人民出版社 1973 年版，第 571 页。

③ 马克思、恩格斯著，中共中央马克思恩格斯列宁斯大林著作编译局译：《马克思恩格斯全集》第四十六卷(下册)，人民出版社 1980 年版，第 487 页。

实态的统一虽然也有其动态的表现，但两极现实态的共时并存，决定了它们的统一时时能表现出来。这是历时态矛盾两极现实态的统一所不具备的特点。

前面讲历时态矛盾两极的相互区别时，曾经讲到在两极转化的过渡期会出现两极不完整的现实态在不稳定的状态中互相交错，显示出其相互区别的情况。与此相应，也就有两极不完整的现实态在过渡性的共时交接中所表现出来的不稳定的间接统一。当然，这并不是历时态矛盾两极相互联系的主要形式。

（二）历时态矛盾两极的相互依存

历时态矛盾两极相互依存，是说它们像其他形态的矛盾一样，两极互为存在的前提和条件，在矛盾关系中互不可缺，然而这种相互依存却采取了历时态的表现方式，通过两极相互做媒介、相互创造表现出来。

1. 相互媒介。历时并存的两极互为对方提供对象和实现手段，通过对方而确证自己、实现自己。生产和消费作为历时并存的两极，生产为消费提供作为外在对象的材料，消费为生产提供作为内在对象、作为目的的需要；生产通过消费确证自己，实现自己满足人的需要的功能，消费也通过生产确证自己，不断把人的需求外化。实践和认识作为历时并存的两极，实践为认识提供对象，认识为实践提供自觉的目的；实践通过认识而得到反映，认识通过实践而得到实现。双方谁也离不开谁。

2. 相互创造。历时并存的两极在其相互转化中，彼此不断地把对方创造出来，使对方由潜在转为现实。中国古代五行说中那种历时的相生关系[①]，以及古希腊哲学中四元素循环说土、火、气、水的相生关系[②]，即是这种相互创造关系的一种朴素的表达。在现实生活中，物质能量的相互转化以及诸如此类的历时并存的两极之间相互创造的实例，俯拾皆是。值得注意的是，历时态矛盾两极的相互创造在历时态中进行，一极把另一极创造出来，使其由潜在转为现实，原现实态一极即转化为潜在；而共时态矛盾两极的相互创造却在共时态中进行，一极在实现自身的同时即把对极创造出来，两极现实态同时并存。其区别不可不察。

总之，历时态矛盾的两极也强烈地表现出其相互依存的性质，但只有把握两极现实态历时并存的特点，才能清楚地看到二者的相互媒介、相互创造。两极虽然历时并存，同样互为存在的前提和条件，任何一方失去了对方，也就失去了自身存在的前提和条件。中国的新民主主义革命和社会主义革命，后者是前者的必然趋势，前者是后者的必要准备。如果没有社会主义革命作为前景，没有社会主义革命潜在因素即无产阶级对革命的领导权以及无产阶级科学世界观马克思主义的指导，就不会有中国的新民主主义革命；同样，如果没有新民主主义革命的胜利，当然也就不会有中国的社会主义革命。

（三）历时态矛盾两极的相互贯通

这主要表现为两极的相互包含和在一定条件下的相互转化。

1. 相互包含。历时态矛盾的两极相互否定、相互排斥，然而“否定不是破坏一切，一刀两断，不是绝对的否定，而是先行的东西中间包含

① 五行说认为，木生火，火生土，土生金，金生水，水生木。其中有历时相生的一面，还有共时相滋养、相促进的另一面。

② 四元素循环说认为，火生于土之死，气生于火之死，水生于气之死，土生于水之死。

有后来的东西，后来的东西中间包含有先行的东西”[①]；排斥也不是绝对的分离，而是在两极现实态不能共时并存的情况下，现实态的一极包含着潜在的对极。动与静，作为历时并存的两极，朱熹看出“阴静之中，自有阳动之根；阳动之中，又有阴静之根”。王夫之也讲，“动静互涵”，“动而不离乎静之存，静而皆备其动之理”，“静即含动，动不舍静”。祸与福，作为历时并存的两极，中国古代哲人早已指出二者相倚伏的关系，所谓“祸兮，福之所倚，福兮，祸之所伏”。潘光旦在其翻译的《性心理学》一书的注中曾记下印度相传的一个故事：“有一婆罗门家，于室内忽见一美貌庄严之女，服饰均非凡品。主人异之曰，汝何人斯？胡为来至吾家？女曰，吾乃功德天也；凡吾所至，百事畅遂，福寿无疆。于是主人欢喜异常，敬心供奉。及至出门，于门外复见一女，囚首垢面，衣服褴褛。主人诃之，汝勿得立于此地。女曰，吾乃黑暗女也，吾姊在汝室内，汝何能不许吾立于此？主人曰，汝立此何意？女曰，吾之所至，其家必衰，一切祸患，排闼而来。主人大恚，欲强驱去。女曰，吾与吾姊，形影不离，吾姊在内，吾必在外，俟善缘终了，吾姊出时，吾即入矣。”[②]这个故事也蕴含着祸与福相倚伏的思想，指出了历时并存两极的相互包含。这类似于共时态矛盾两极的相互渗透，但那是共时并存的两极现实态之间的局部的相互渗透，而历时态矛盾两极的相互包含则是现实态一极对于潜在的对极的整体的包含。共时态矛盾两极的相互渗透在共时态中进行，历时态矛盾两极的相互包含要在历时态中才能实现。

---

① 中共中央文献研究室编：《毛泽东哲学批注集》，中央文献出版社 1988 年版，第 121 页。

② [英]霭理士著，潘光旦译注：《性心理学》，生活·读书·新知三联书店 1987 年版，第 413 页。

2. 相互转化。历时并存的两极不仅有相互包含的关系，而且在一定条件下相互转化。这种相互转化是历时态矛盾两极相互贯通的更重要的一种表现。之所以重要，在于它是历时态矛盾展开和实现的关键环节，是历时并存的两极现实态在四维时空中相互联结的枢纽。在转化中，两极各自向对极原来的存在形态转化过去，现实的转化为潜在的，潜在的转化为现实的，从而使历时态矛盾在四维时空中显现出对立统一的完整形态。

值得注意的是，这里转化的相互性，是就历时态矛盾两极各自的存在形态而言的：现实的转为潜在，潜在的转为现实，转化具有相互性，是双向的变化。至于矛盾的具体内容，在每一次转化中，其变化是单向的，不是双向的；只有经过下一个转化的环节或经过若干中间环节，才能实现内容上的相互转化。如寒转变为暑，寒由现实转为潜在，暑由潜在转为现实，就二者存在形态而言，转化具有相互性。但就内容来说，寒转变为暑是单向的，要实现双向的变化，必须经过下一个由暑转变为寒的环节。而物质能量的相互转化，则要经历若干中间环节才能实现。这是因为在历时态矛盾两极的转化中，原现实态的一极会失去其现实态；它要重新取得现实态，只有在矛盾的继续发展中才有可能。这与共时态矛盾两极的转化有明显的不同：

第一，共时态矛盾两极的转化在共时并存的两极现实态中发生；历时态矛盾两极的转化则在历时并存的两极现实态之间发生。

第二，共时态矛盾的两极在转化中都不会失去其现实态；历时态矛盾的两极在转化中原潜在的一极取得现实态，原现实的一极则失去其现实态。

第三，共时态矛盾的两极在转化中同时向对方的性质或地位转化过去；历时态矛盾的两极在转化中只是存在形态互易，在内容的变化上是单向的。

第三节　两极的替代转换
——历时态矛盾的主要运动形式

历时态矛盾与共时态矛盾一样，都是两极相互作用的运动过程，但二者有不同的特点。如果说共时态矛盾以共时并存的两极相互作用中力量的消长为主要运动形式，那么历时态矛盾则以历时并存的两极现实态的替代转换为主要运动形式。潜在的一极隐藏在现实态的一极之中，潜滋暗长，在一定条件下转化为现实态；而原现实态的一极则被取代，转为潜在，保持在对极之中。这种潜现的顺利转化，是历时态矛盾得以实现和展开的关键，只有经过这种转化，历时态矛盾才能在四维时空中展现出现实存在的完整形态。

一、历时态矛盾在两极的替代转换中运动

黑格尔在谈到罗比耐的“满足必定要先有一种需要、缺乏、痛苦，痛苦的扬弃就是享受”这一思想时曾经指出：“这不仅是一个在经验上正确的思想，而且暗示了更深刻的思想，即一切活动都只有通过矛盾。”[①]显然，满足与缺乏、享受与痛苦，正是主体活动中历时并存的两极。因

① 中国科学院哲学研究所西方哲学史组编：《黑格尔论矛盾》，商务印书馆 1963 年版，第 393 页。

此，黑格尔在这里讲的矛盾，可以看作是以两极现实态的替代转换为主要运动形式的历时态矛盾。历时态矛盾正体现着事物的运动本性。在黑格尔看来，假如一个存在物不能在自己的肯定的规定中，同时转入自己的否定的规定，并使一个规定保持在另一个规定中，不能具有矛盾，那么，它就不是一个活生生的统一体，就不是根据，而且会在矛盾中消灭。他在讲到芝诺对运动中矛盾的揭示时，认为在芝诺这里看到了真的客观的辩证法，而“辩证法之所以首先向运动攻击，其原因即在于辩证法本身就是这种运动，或者运动本身就是一切存在者的辩证法。一个东西，作为自身运动者，具有辩证法于自身内，而运动就是：自己成为对方，扬弃自己”①。实际上，“自己成为对方，扬弃自己”，作为事物的自身运动，也就是历时态矛盾的运动。

马克思对于资本运动的分析为我们理解和把握历时态矛盾的运动形式留下了极为丰富和宝贵的思想。他在分析从简单的交换价值及其流通向资本的过渡时，认为这种过渡“也可以这样来表述：在流通中交换价值出现两次，一次作为商品，另一次作为货币。当它具有一种规定时，它就不具有另一种规定。任何特殊商品都是这样。但是，流通的全程就其本身来看，就在于，同一交换价值，作为主体的交换价值，一次作为商品出现，另一次作为货币出现，并且它正是这样的一种运动，在这种运动中它在这两个规定上出现，在每一个规定上都作为这一规定的对立面保存自己，即在商品上作为货币，在货币上作为商品保存自己。这种情况在简单流通中就自在地存在着，但没有表现出来。表现为商

① ［德］黑格尔著，贺麟、王太庆译：《哲学史讲演录》第一卷，商务印书馆 1959 年版，第 281 页。

品和货币的统一体的交换价值，就是资本，而这种表现过程本身，是资本的流通。（不过这种流通是螺旋线，是不断扩展的曲线，而不是简单的圆圈。）”[①]在马克思看来，资本既具有商品的规定又具有货币的规定，“而所以这样，只是因为这两种规定都表现为资本循环的要素，资本交替地通过这两种要素而得到实现。这只是它的转瞬即逝的和不断再现的存在方式，是它的生命过程的要素”[②]。也就是说，资本的流通、循环，资本的生命过程，是通过商品和货币这两重规定的交替出现这样的运动来实现的。这两重规定作为历时并存的两极，每一个都转瞬即逝，但不是化为无，而是以潜在的形式保持在现实态的对极中；而且，每一个也都不断再现，即由潜在转为现实，替代原现实态的对极。正是在这样的运动中，实现着资本的整体的生命。这是一个纵向的演进系列，而这种纵向的演进是通过两极的潜现转化，以曲线形式、螺旋线形式实现的。从普遍意义上看，这不正是历时态矛盾特有的运动形式吗？

二、历时态矛盾运动起点的特殊性和潜能的多样性

既然历时态矛盾的运动是通过两极现实态的替代转换，以曲线形式、螺旋线形式实现的，那么，如何确定这一运动过程的起点？

马克思在考察流通的时候指出：“作为纯粹的流通来考察，不论我抓住哪一点来当作出发点，都是无关紧要的。”[③]无论商品还是货币，在

---

① 马克思、恩格斯著，中共中央马克思恩格斯列宁斯大林著作编译局译：《马克思恩格斯全集》第四十六卷（上册），人民出版社 1979 年版，第 221—222 页。

② 马克思、恩格斯著，中共中央马克思恩格斯列宁斯大林著作编译局译：《马克思恩格斯全集》第四十六卷（下册），人民出版社 1980 年版，第 408 页。

③ 马克思、恩格斯著，中共中央马克思恩格斯列宁斯大林著作编译局译：《马克思恩格斯全集》第四十六卷（上册），人民出版社 1979 年版，第 150 页。

流通中都要借助对方同自身发生关系，“如果说货币成为商品的流通车轮，那么商品同样成为货币的流通车轮”[①]。也就是说，不论以商品为出发点、以货币为流通车轮的商品流通，还是以货币为出发点、以商品为流通车轮的货币流通，它们都是“纯粹的流通”，都要遵循流通的一般规律。在这个意义上，不论抓住哪一点来当作出发点，都是无关紧要的。

然而，当我们转移视角，不是从“纯粹的流通”，而是从具体的流通来考察的时候，马上就会发现，出发点不同，会形成不同的流通。以商品为出发点、以货币为流通车轮的商品流通，与以货币为出发点、以商品为流通车轮的货币流通，不仅遵循流通的一般规律，而且遵循各自的特殊规律，遵循自己的运动轨道。正如马克思所指出的：“如果流通不仅被看作不断的交替，而且被看作它本身所完成的循环，那么这种循环就表现出两重性：‘商品—货币—货币—商品’；另一方面是‘货币—商品—商品—货币’；这就是说，如果我可以为买而卖，那么我同样可以为卖而买。在第一种情况下，货币只是获得商品的手段，商品是目的；在第二种情况下，商品只是获得货币的手段，货币是目的。”[②]在商品流通过程中，货币是商品流通的媒介，“而在这一过程中，货币本身也在流通，遵循自己的运动轨道，就这一点来说，货币本身进行某种流通，即货币流通。必须弄明白，这种流通究竟在多大程度上由特殊规律决

---

① 马克思、恩格斯著，中共中央马克思恩格斯列宁斯大林著作编译局译：《马克思恩格斯全集》第四十六卷（上册），人民出版社 1979 年版，第 134 页。

② 马克思、恩格斯著，中共中央马克思恩格斯列宁斯大林著作编译局译：《马克思恩格斯全集》第四十六卷（上册），人民出版社 1979 年版，第 150 页。

定”[1]。在这里，出发点的确定就不再是无关紧要的，而是关系到具体流通过程及其运动轨道和规律的一个重要问题。

这个问题在劳动与资本的关系中有更为重要的意义：“更进一步的考察表明，用自己的商品进行交换的工人，在交换过程中完成的是W—G—G—W这种形式”，“另一方面，资本代表相反的运动G—W—W—G”[2]。劳动与资本作为共时并存的双方，在交换过程中要完成其各自纵向演变的历程，在这种纵向演变中，劳动与资本各自所由出发的起点并没有随意性，而是确定的、各自不同的。而出发点的不同，意味着在交换过程中工人的遭受剥削和资本的不断增殖，“资本家得到的却是财富，工人得到的却只是在消费中消失的使用价值”[3]。这是由资本主义生产关系所决定的，“所有权同劳动相分离表现为资本和劳动之间的这种交换的必然规律”[4]。正如《共产党宣言》所指出的：“在资产阶级社会里，活的劳动只是增殖已经积累起来的劳动的一种手段”，“因此，在资产阶级社会里是过去支配现在”[5]。

这样，在研究历时态矛盾两极现实态替代转换的运动时，我们就不能不注意起点的特殊性问题。不同的起点，意味着不同的运动轨道和

---

① 马克思、恩格斯著，中共中央马克思恩格斯列宁斯大林著作编译局译：《马克思恩格斯全集》第四十六卷（上册），人民出版社1979年版，第134页。

② 马克思、恩格斯著，中共中央马克思恩格斯列宁斯大林著作编译局译：《马克思恩格斯全集》第四十六卷（上册），人民出版社1979年版，第252页。

③ 马克思、恩格斯著，中共中央马克思恩格斯列宁斯大林著作编译局译：《马克思恩格斯全集》第四十六卷（上册），人民出版社1979年版，第252页。

④ 马克思、恩格斯著，中共中央马克思恩格斯列宁斯大林著作编译局译：《马克思恩格斯全集》第四十六卷（上册），人民出版社1979年版，第252页。

⑤ 马克思、恩格斯著，中共中央马克思恩格斯列宁斯大林著作编译局译：《马克思恩格斯全集》第一卷，人民出版社1956年版，第266页。

特殊的规律性，对不同的主体有着不同的意义。我们只能根据研究的需要，根据所要研究的具体矛盾的具体情况，确定每一过程的具体起点。

起点确定之后，还有一个需注意的在现实态的此极内所包含的生发出替代自己的对立面的潜能的多样性问题。在历时态矛盾的运动中，现实态的此极将被自身所包含的潜在的对极所替代，但潜在并不是现实，而只是转为现实的可能性，或者叫潜能，而且这种可能性、这种潜能并不是单一的，而是多样的。在 W—G—G—W 的循环中，假定每个环节之间都能顺利实现转换，那么在第一次转换中，即卖出商品后能得到多少货币，起码存在着高于价值、低于价值或与价值相当这三种可能性；而在随后再以货币购买商品时，究竟买什么商品、能买多少，又存在多种可能。实际上，每一次转换的实现，都是依具体条件，将某一种可能性变为现实而排除其他可能性的过程。在历时态矛盾两极现实态替代转换的运动中，现实态的此极将被潜在的对极取代，这是必然的，但这只有从“可能性与现实性的纯粹形式的对立”上讲才有意义，至于取代此极的对极的具体内容，则要依具体条件，看在多样化的潜能、可能性中究竟哪一种得以转化为现实，才能确定。

因此，历时态矛盾两极现实态替代转换的运动就是必然性与偶然性的统一，必然中有偶然，偶然中又有必然。以宿命论的观点形而上学地看待这种运动显然是不正确的。主体的任务就在于把握发展中潜能的多样性，依循矛盾运动的规律，创造必要的条件，实现有利于自身的转换。

三、历时态矛盾两极现实态替代转换的必要性与条件性

历时态矛盾两极现实态替代转换的必要性首先在于它是历时态矛盾实现和展开的关键，只有实现这种转换，才能实现两极现实态在运动中的统一，在四维时空中展现出历时态矛盾现实存在的完整形态。马克思指出："商品起初仅仅在可能性上是使用价值和交换价值；商品只有出现在流通中，它才作为这两者确立起来，而且流通就是这些规定的交替。所以，流通既是这些规定的交替和对立，同时也总是这些规定的等同。"[①]也就是说，历时态矛盾两极现实态替代转换的运动过程，既是两极对立的表现，也实现着两极的统一。相反，如果不能顺利转换，矛盾的运动就会出现危机，它同时也就意味着矛盾的载体在发展中遇到了困难。在资本的运动中，"货币——即财富本身，也就是在同他人的物化劳动相交换中并通过这一交换而存在的财富——如果不继续同他人的劳动相交换，即不继续进入生产过程，看来就会自行毁灭。流通没有能力使自己更新"。另一方面，"生产过程如果不能转入流通过程，看来就要陷入绝境。资本作为建立在雇佣劳动基础上的生产，它的前提是把流通当作整个运动的必要条件和要素。这种特定的生产形式以这种特定的交换形式为前提，而这种交换表现为货币流通。为了更新，全部产品必须转化为货币"[②]。在历时态矛盾的运动中，只有顺利地实现两极现实态的替代转换，才能避免危机，使矛盾得以实现和展开，也才

---

① 马克思、恩格斯著，中共中央马克思恩格斯列宁斯大林著作编译局译：《马克思恩格斯全集》第四十六卷（下册），人民出版社 1980 年版，第 488 页。

② 马克思、恩格斯著，中共中央马克思恩格斯列宁斯大林著作编译局译：《马克思恩格斯全集》第四十六卷（上册），人民出版社 1979 年版，第 388 页。

能使矛盾的载体得到发展。

其次，两极现实态替代转换的必要性还在于，只有通过不断转换，才能实现历时态矛盾的周期性发展，形成一个相对完整的过程。寒往则暑来，暑往则寒来，正是在暑寒相推、两极现实态不断替代转换的过程中，形成年复一年这一周期性的变化。亚里士多德认为，凡是圆满的，或是有实在性的，都是在三元中：开始、中间和终了。开始是单纯者，中间是它的变易（二元、对立），统一（精神）是终了，终了是从开始的对方回到统一。[①] 所谓三元，实际就是历时态矛盾依次发展的三个阶段，也就是后来黑格尔所讲的正、反、合。黑格尔认为，只有在合题中才能克服前两个环节的片面性，实现前两个环节的统一。三元也好，正、反、合也好，都只有经过两极现实态的不断替代转换才能实现。在这种周期性的发展中，从形式上看，终点是对起点的回复，但实际已经在质和量上发生了变化。当然，依矛盾的不同，其变化也不同。在货币流通中，G—W—G，终点和起点在质上是相同的，但只有当它们在量上是不相等的时候，这一过程才有内容和目的。而在商品流通中，W—G—W，终点仅是在商品规定上回复到起点，而在商品的具体质上可以不同。正是由于这种具体变化，终点才作为新的起点，开始新的运动过程，从而实现螺旋式的发展。

两极现实态的替代转换对历时态矛盾的发展是必要的，但它的实现却需要一定的条件。马克思说过："既然已经证明，一定的现象必然由当时存在的关系所引起，那就不难确定，在何种外在条件下这种现象

① [德]黑格尔著，贺麟、王太庆译：《哲学史讲演录》第一卷，商务印书馆 1959 年版，第 234 页。

会真正产生，在何种外在条件下即使需要它，它也不能产生。这几乎同化学家能够确定在何种外在条件下具有亲和力的物质化合成化合物一样，是可以确确实实地确定下来的。”[①]历时态矛盾两极现实态的替代转换同样如此。当我们需要实现这种转换时，就必须把握它所需要的外在条件；如果不具备这种条件，就要想方设法创造这种条件。

两极现实态的替代转换不仅需要外在条件，而且需要内在条件，即历时态矛盾两极各自的发展程度。一般来说，现实态此极在自身度的范围内一旦发展到了一定的极端、极限，即关节点，它所包含的潜在的对极潜滋暗长便也达到了足以替代它的程度，于是便会发生两极现实态的转换。这就是我们经常说的物极必反。物极必反是中国古代大多数思想家所认同的道理。先秦老子讲：“祸兮，福之所倚；福兮，祸之所伏。孰知其极？”老子认为他知道这个“极”。如“持而盈之，不如其已；揣而锐之，不可长保。金玉满堂，莫之能守；富贵而骄，自遗其咎”，这里的“盈”“锐”“满”“骄”就是“极”的具体表现。《管子》提出：“天道之数，至则反，盛则衰。人心之变，有余则骄，骄则缓怠……此危亡之时也。”汉代的扬雄也认为：“阳不极则阴不萌，阴不极则阳不牙。寒极生热，热极生寒”，“盛则入衰，穷则更生”。但也有思想家对物极必反的普遍性提出质疑，认为事物的发展未必尽皆如此。王夫之就提出：“两间之化，人事之几，往来吉凶，生杀善败，固有极其至而后反者，而岂皆极其至而后反哉！”“方动即静，方静旋动；静即含动，动不舍静……待动之极而后静，待静之极而后动，其极也唯恐不甚，其反也厚集而怒报之……两间

① 马克思、恩格斯著，中共中央马克思恩格斯列宁斯大林著作编译局译：《马克思恩格斯全集》第一卷，人民出版社 1956 年版，第 216 页。

日构而未有宁矣。此殆夫以细人之衷测道者与!”其实,由于矛盾的具体情况千差万别,每一个具体的历时态矛盾其现实态此极发展的度及关节点都有自身特殊的规定性,并不是完全相同的。所谓“方动即静,方静旋动”与“动之极而后静”“静之极而后动”之间的差别,实际反映了现实态此极发展的度的伸缩性和关节点分布的多样性,并不能否定度和关节点、极端、极限的客观存在。因此,“极而后反”乃是常理。不过,王夫之的质疑毕竟有其积极的意义:第一,它使我们注意到了两极现实态替代转换的关节点的多样性;第二,它使我们在处理矛盾时注意克服那种“其极也唯恐不甚”的偏颇态度,以避免“其反也厚集而怒报之”的后果,防止出现“两间日构而未有宁矣”的局面。这对我们在工作中随时纠正各种偏向,及时解决各种问题,避免出现大的反复和波动,以实现稳定发展,是很有借鉴意义的。

极而后反是常理,但在自然界与人的社会活动中有不同的表现:自然界的极而后反是在自然万物自发的活动中表现出来的;人的社会活动中的极而后反却需要通过人的有意识、有目的的活动方能实现。程颐讲:“物理极而必反,故泰极则否,否极则泰”,“极而必反,理之常也。然反危为安,易乱为治,必有刚阳之才而后能也”[①]。他在指出“极而必反,理之常也”的同时,特别指出“反危为安,易乱为治”这种人的社会活动中处境、状况的转变需要有“刚阳之才”,这已经涉及人的社会实践活动中历时态矛盾两极现实态的替代转换对主体素质和人的自觉能动性的要求。这个思想是十分可贵的。我们在研究两极现实态替代转换的条件时,应特别注意研究这个问题。

---

① (宋)程颢、程颐:《二程集》第三册,中华书局1981年版,第762—763页。

两极现实态的替代转换对历时态矛盾的发展是必要的，但仅有必要性还不够，还必须具备相应的条件。条件的具备与否，决定了这种转换有能够实现和不能够实现两种可能性。“极而后反”，是说“极”是反的必要条件，但还不是充要条件，而“物极必反”，则只有在相应的其他条件均已具备的情况下，这个命题才是无懈可击的。

四、替代转换过程的复杂性

历时态矛盾两极现实态的替代转换是一个过程。这种转换在一定条件下开始后，会受到内外各种因素的干扰影响，转换有可能排除这些干扰影响而完成，也有可能因这种干扰影响而受挫。鸡蛋的孵化过程在一定条件下开始后，其最终结果有可能是小鸡破壳而出，也有可能由于某种因素的干扰影响而孵不出小鸡。因此，两极现实态的替代转换实际是一个复杂的过程。我们在把握历时态矛盾两极现实态的替代转换这种运动形式时，不仅要注意其起点的特殊性和潜能的多样性，了解这种转换的必要性和条件性，而且要对替代转换过程中的各种复杂因素有足够的重视和估计。

这个问题在人们的社会历史活动中有非常重要的意义。当今世界，发展中国家在从传统社会向现代社会过渡的社会转型期，往往出现传统的规范在现代化浪潮的冲击下迅速瓦解和失效，而新的规范尚未成熟和完善，同样无法运作这种“旧者已亡，新者未立”的情况，由此产生现代化过程中的“失范综合征”，构成巨大的发展陷阱。这种“失范综合征”具体表现为国家在现代化过程中行政命令贯彻能力的退化，行政实施效率的低下和法律规则被任意破坏而引起的“软政权”现象，以及某些拥有传统资源的势力利用自己的地位和权势，截留国家下放的权力,并运用这种特殊地位来获取经济资源和其他各种利益,从而形成自主性的"地方割据""行业割据"和"企业割据"等自主的分利集团和分利化过程的恶性发展,其"细胞"裂变和畸形发展的速度可以远远高于市场机制对资源和要素合理配置的能力的发育速度和市民社会正常细胞发育的速度。这种"失范综合征"能否受到有效的抑制和化解,将关系到现代化事业的成败。①

五、研究两极现实态替代转换运动形式的实践意义

由于历时态矛盾存在的普遍性,我们在实践中会面临大量的历时态矛盾,于是,研究历时态矛盾两极现实态替代转换这种主要运动形式,对实践就具有重要的意义。

第一,两极现实态替代转换的必然性,使我们能更自觉地以动态的观点来观察和处理问题。它说明,世界上的任何现象都不是永恒的,都将被自身所包含的潜在的对立面所替代。马克思说过:"一切发展,不管其内容如何,都可以看作一系列不同的发展阶段,它们以一个否定另一个的方式彼此联系着。"②他在研究社会经济形态的运动时指出:"交往形式的联系就在于:已成为桎梏的旧的交往形式被适应于比较发达的生产力,因而也适应于更进步的个人自主活动类型的新的交往形式所代替;新的交往形式……〔又〕会变成桎梏,然后又为别的交往形式所

① 参见萧功秦《"软政权"与分利集团化:中国现代化的两重陷阱》,《战略与管理》1994年第1期。

② 马克思、恩格斯著,中共中央马克思恩格斯列宁斯大林著作编译局译:《马克思恩格斯全集》第一卷,人民出版社1956年版,第169页。

代替。”[①]列宁曾将全部政治生活看作“是由一串无穷无尽的环节组成的一条无穷无尽的链条”[②]，他认为，我们“必须善于在每个特定时机找出链条上的特殊环节，必须全力抓住这个环节，以便抓住整个链条并切实地准备过渡到下一个环节”[③]。当然，正如列宁所指出的，“在历史事变的链条里，各个环节的次序，它们的形式，它们的连接，它们之间的区别，都不像铁匠所制成的普通链条那样简单和粗陋”[④]。毛泽东在研究中国革命战争的战略问题时指出：“战略指导者当其处在一个战略阶段时，应该计算到往后多数阶段，至少也应计算到下一个阶段……退却阶段时必须计算到反攻阶段，反攻阶段时必须计算到进攻阶段，进攻阶段时又须计算到退却阶段。没有这种计算，束缚于眼前的利害，就是失败之道。”[⑤]总之，在社会实践的各个领域，我们都应该顺应历时态矛盾发展的客观规律，既立足于现实，又着眼于未来，对各种事态的演化发展预先有所准备。

第二，两极现实态替代转换的必要性在于它是历时态矛盾实现和展开的关键，只有通过这种转换才能实现历时态矛盾圆满的周期性发展。这样，当我们在实践中需要所面临的历时态矛盾循序实现和展开、得到圆满发展时，就不要任意地打乱和中断其两极现实态替代转换的

---

① 马克思、恩格斯著，中共中央马克思恩格斯列宁斯大林著作编译局译：《马克思恩格斯全集》第三卷，人民出版社 1960 年版，第 81 页。

② 列宁著，中共中央马克思恩格斯列宁斯大林著作编译局译：《列宁全集》第六卷，人民出版社 1986 年版，第 156 页。

③ 列宁著，中共中央马克思恩格斯列宁斯大林著作编译局译：《列宁全集》第三十四卷，人民出版社 1986 年版，第 185 页。

④ 列宁著，中共中央马克思恩格斯列宁斯大林著作编译局译：《列宁全集》第三十四卷，人民出版社 1985 年版，第 185 页。

⑤ 《毛泽东选集》第一卷，人民出版社 1991 年版，第 221—222 页。

运动。人的睡眠节律是人的“睡眠—醒觉”规律与大自然的“昼夜交替”规律对人体自身睡眠物质制约影响所导致的一种周期性睡眠机制，它能够调节人体与环境的昼夜变化，使其协调统一，以保证人体生理和生态活动的相对稳定，提高人体免疫功能。这样，我们在实践活动中就要注意劳逸结合，不要随意打乱这种节律，以提高机体的抗病能力，保证在实践活动中具有充沛的精力。自然界中的动物和植物作为保证人们丰衣足食的自然资源，也有其自身繁殖生长的规律。荀子讲过：“草木荣华滋硕之时，则斧斤不入山林，不夭其生，不绝其长也；鼋鼍鱼鳖鳅鳣孕别之时，罔罟毒药不入泽，不夭其生，不绝其长也。”（《荀子·王制》）所谓不夭其生，不绝其长，也就是不任意中断动、植物自身繁殖生长的过程，做到畜养杀伐不失其时，以保护自然资源，维持生态平衡，保持“昆虫万物生其间”，“相食养者不可胜数”的境界。在生态危机日趋严重的今天，这个思想无疑具有重要的现实意义。

第三，两极现实态替代转换的条件性，使我们可以在实践中依据矛盾的性质、状况及主体的需要，创造必要的条件，促进或延缓转换的实现。在中共中央、国务院召开的第三次西藏工作座谈会上，江泽民总书记指出：“从经济发展的角度看，我们建设有中国特色社会主义的目标，是要实现全国各地方和各民族人民的共同富裕、共同繁荣。促进西藏经济的发展，把潜在的资源优势逐渐变为现实的经济优势，不仅会大大造福于西藏人民，而且对促进我国西部乃至全国的发展将日益发挥重要的作用。”在这里，把西藏潜在的资源优势变为现实的经济优势，就是需要我们创造条件，努力促成其实现的任务。此外，中华人民共和国成立前，中国人均预期寿命为 35 岁；据 1992 年相关报告，中国人均寿命达到 70 岁。尽管人的生死是不可抗拒的自然规律，但我们努力创造条件，延长了人均预期寿命，延缓了人生由生到死的转化，这是中国人民的生存权、生命权得到保障的生动体现。

第四，现实态此极所包含的生发出替代自己的对立面的潜能的多样性，以及两极现实态替代转换过程的复杂性，告诉我们在实践中对事物发展可能出现的具体结果不能只有一厢情愿的想法，而要有多种思想准备，一方面，要尽力争取有利于主体存在和发展的最好结果；另一方面，也要对可能出现的不利结果有预估和对策。毛泽东在讲战役问题时指出，在打第一仗之先，必须想到第二、第三、第四乃至最后一仗大体上如何打，“我挨次的一仗胜了，敌军全局将起如何变化，假若败了，又将起如何变化。虽结果不见得乃至决不会尽如所期，然而必须依据双方全局，仔细地切实地想明白。没有全局在胸，是不会真的投下一着好棋子的”[①]。同时，在战略问题上，毛泽东也主张在此一战略阶段还要想到下一战略阶段的情况，“若只顾反攻，不顾反攻胜利后，或万一反攻失败后，下文如何做法，依然未尽得战略指导者的责任”[②]。

第五，两极现实态的替代转换实现之后，矛盾的载体即出现阶段性的变化，主体在实践中应顺应这种变化，在政策和具体做法上有所转变。商鞅讲，“治世不一道，便国不法古”，认为有作为的君主都是“当时而立法，因事而制礼”，“反古者未必可非，循礼者未足多也”(《商君书·更法》)。他在两千多年前即有如此见识，并大胆进行了变法，是十分难能可贵的。毛泽东在研究战争指导规律时指出：“战争情况的不同，决定着不同的战争指导规律，有时间、地域和性质的差别。从时间的条件

① 《毛泽东选集》第一卷，人民出版社1991年版，第221页。
② 《毛泽东选集》第一卷，人民出版社1991年版，第221页。

说，战争和战争指导规律都是发展的，各个历史阶段有各个历史阶段的特点，因而战争规律也各有其特点，不能呆板地移用于不同的阶段。”①同理，革命时期和建设时期的指导规律也各有其特点。由此，我们可以更深刻地理解党的十一届三中全会实行工作重心转移的决定的正确性和必要性。

第六，共时态矛盾与历时态矛盾的交织，使我们在实践中处理共时态矛盾时，有必要研究两极各自历时性的变化，以选取对主体最有利的时机，使两极纵向演变系列上的特定环节发生横向的交接关系。《孙子兵法》中讲，“朝气锐，昼气惰，暮气归。故善用兵者，避其锐气，击其惰归”。曹刿论战，曰“一鼓作气，再而衰，三而竭。彼竭我盈，故克之”。毛泽东总结中国革命游击战争的规律，提出了“敌进我退，敌驻我扰，敌疲我打，敌退我追”的十六字诀。这都是在战争问题上根据共时并存的敌我双方各自历时性变化的特点，选取最有利的时机，采用最有利的方式，使敌我双方各自纵向演变系列上的特定环节之间发生共时的交接，以取得有利于我、不利于敌的结果的范例。在这个问题上，万事同理，是我们在处理各个领域的矛盾问题时都应予以注意的。

① 《毛泽东选集》第一卷，人民出版社 1991 年版，第 173 页。

第四章　同体态矛盾

同体态矛盾是与异体态矛盾相对应,从空间角度而言的矛盾的一种典型存在形态。如果说我们在第二、三章是从时间角度考察了共时态和历时态这两种矛盾的典型存在形态的话,那么在第四、五章我们将从空间角度考察同体态和异体态这两种矛盾的典型存在形态。

所谓同体态,是说矛盾两极的载体乃是同一个物体、同一个空间三维之体,两极在空间上没有分离,各自没有独立的空间形态,存在于同一个空间三维之体中。这种存在形态的矛盾在其两极构成、矛盾基本属性的具体表现以及矛盾运动形式上会有什么特点呢?

第一节　同体态矛盾两极的内容和特点

我们在第一章里已经讲过,同体态矛盾与异体态矛盾乃是由于两极空间分布的不同形式而使矛盾呈现出来的不同存在形态,这里说的“体”不是指“矛盾统一体”意义上的关系的整体,而是指空间意义上的两极各自的载体。两极的载体是同一个物体、同一个空间三维之体，乃是同体态矛盾一个最根本的特点。那么，怎样的两极才能在空间分布上属于同一个空间三维之体，而各自没有独立的空间形态呢？大体有如下几种情况。

一、两极是同一事物的不同侧面

中医学的阴阳理论认为任何事物都分阴阳，而人体的寒热、虚实、表里、升降、散聚等正是阴阳的不同表现。这里讲的寒热、虚实、表里、升降、散聚等对立面，作为人的机体的不同侧面，当然是同体的。

王安石在论述五行化生万物时讲过："盖五行之为物，其时，其位，其材，其气，其性，其形，其事，其情，其色，其声，其臭，其味，皆各有耦，推而散之，无所不通。"（《临川先生文集》卷六十五《洪范传》）这种皆各有耦之"耦"，如晦明、正邪、美恶、柔刚、丑好、凶吉等，当属于同一事物时，也是同体的。

孙武在考察影响战争的重要因素时曾经讲到"天者，阴阳、寒暑、时制也。地者，高下、远近、险易、广狭、死生也。将者，智、信、仁、勇、严也"（《孙子兵法·计篇》），这里阴阳、寒暑、时制同属于天，高下、远近、险易、广狭、死生同属于地，智、信、仁、勇、严同属于将，在这个意义上它们都各为其载体的不同侧面，应视为同体。当然，如果更具体地研究此地与彼地的不同，此将与彼将的区别，研究的层次转换了，那么高下、远近、险易、广狭、死生以及智、信、仁、勇、严等就会出现分属于不同载体的情况，当另作别论。

扬雄在《太玄赋》中讲到："观大《易》之损益兮，览老氏之倚伏；省忧喜之共门兮，察吉凶之同域。"他在这里强调了忧喜的共门、吉凶的同域，也就是从空间角度指出了忧喜、吉凶同体的情况。

朱熹在讲“一便对二”的时候指出：“然就一言之，一中又自有对。且如眼前一物，便有背有面，有上有下，有内有外，二又各自为对。虽说无独必有对，然独中又自有对。”(《朱子语类》卷九十五)陆象山虽在“太极”“无极”等问题上与朱熹有长期的争论，但在“一必有二”问题上却与朱熹有相近的观点，他也认为“有一物必有上下，有左右，有前后，有首尾，有背面，有内外，有表里，故有一必有二，故曰一生二”。朱、陆在这里所讲的一物的背面、上下、内外、左右、前后、首尾、表里等，都是同体的不同侧面。

在形神关系上，范缜曾提出“形神相即”，“形存则神存，形谢则神灭”的著名论点。形与神作为人的机体的两个侧面，一为有形，一为无形，无形依附于有形，是为同体。

毛泽东指出：“事物(经济、政治、思想、文化、军事、党务等等)总是作为过程而向前发展的。而任何一个过程，都是由矛盾着的两个侧面互相联系又互相斗争而得到发展的。”他谆谆告诫我们，不能“故步自封、骄傲自满，只见成绩，不见缺点，只愿听好话，不愿听批评话”[①]。成绩与缺点，作为我们工作中的两个侧面，也是同体的。毛泽东还曾指出，红与专是两个对立物的统一，我们“一方面要反对空头政治家，另一方面要反对迷失方向的实际家”[②]。红与专作为政治家与实际家都应该具备的素质的两侧面，自然也是同体的。

日本教育的特点在于强化全民教育。全民教育分为学校的科技知

---

① 《毛泽东著作选读》下册，人民出版社 1986 年版，第 843 页。

② 《毛泽东著作选读》下册，人民出版社 1986 年版，第 803 页。

识教育、家庭的道德习惯教育、部门的忠于职守的敬业教育和强化竞争意识的社会教育。[①] 从教育本身来看，以上四方面的职能是由学校、家庭、部门和社会等不同的载体承担起来了。但从教育对象来看，则意味着每一个日本国民都要受到这四种严格的教育训练，成为一个有用的人。换句话说，在当代日本，科技知识、道德习惯、忠于职守的敬业精神和强烈的竞争意识，是每个日本国民在素质上必须具备的不同侧面。

上面所列举的，都是同一事物的不同侧面，它们都属于同一主体(物体)，从空间角度而言彼此并无独立的形态，在空间形态上没有分离。作为矛盾的两极，它们是同体的。

二、两极是同一事物的不同状态

《管子》说："奋盛苓落也。盛而不落者，未之有也。故有道者不平其称，不满其量，不依其乐，不致其度。"花木茂盛致极就要凋落。所以懂得规律的人就不使自己的分量十足，不使自己的音律过盛，不使自己的气度傲慢至极。在这里，盛与衰、平与不平、满与不满、依(盛大)与不依、致与不致，都是指同一事物的不同状态，是同体的。

董仲舒认为："于浊之中，必知其清；于清之中，必知其浊；于曲之中，必见其直；于直之中，必见其曲。"(《春秋繁露·保位权》)这里讲的浊与清、曲与直，当其作为同一事物的不同状态，是同体的两极。

朱熹讲过："阴阳虽是两个字，然却只是一气之消息。一进一退，一消一长。进处便是阳，退处便是阴。长处便是阳，消处便是阴。只是这

① 宋健主编：《现代科学技术基础知识干部选读》，科学出版社、中共中央党校出版社1994年版，第39页。

一气之消长，做出古今天地间无限事来。所以阴阳做一个说亦得，做两个说亦得。”(《朱子全书》卷四十九)“阴阳只是一气。阳之退，便是阴之生。不是阳退了，又别有个阴生。”(《朱子语类》卷六十五)这是从进退、消长这种气的运动状态对阴阳进行了解释，说明阴阳“只是一气之消息”，两极同体。

我们还可以看一看毛泽东对平衡与不平衡、怕与不怕，以及头脑的冷与热的分析：平衡与不平衡作为事物运动的两种不同状态，毛泽东认为：“不平衡是普遍的客观规律。从不平衡到平衡，又从平衡到不平衡，循环不已，永远如此，但是每一循环都进到高的一级。不平衡是经常的，绝对的；平衡是暂时的，相对的。我国现在经济上的平衡和不平衡的变化，是在总的量变过程中许多部分的质变。若干年后，中国由农业国变成工业国，那时候将完成一个飞跃，然后再继续量变的过程。”①

怕与不怕，作为人的精神的两种不同状态，毛泽东认为，二者关系也遵从对立统一法则。“一点不怕，无忧无虑，真正单纯的乐神，从来没有。每一个人都是忧患与生俱来。学生们怕考试，儿童怕父母有偏爱，三灾八难，五劳七伤，发烧四十一度，以及‘天有不测风云，人有旦夕祸福’之类，不可胜数。阶级斗争，向自然界的斗争，所遇到的困难，更不可胜数。但是，大多的人类，首先是无产阶级，首先是共产党人，除掉怕死鬼以及机会主义的先生们以外，总是将藐视一切，乐观主义，放在他们心目中的首位的。”②

毛泽东还认为：“头脑要冷又要热，又是统一性的两个对立面。冲

① 《毛泽东著作选读》下册，人民出版社 1986 年版，第 805 页。
② 《毛泽东著作选读》下册，人民出版社 1986 年版，第 807—808 页。

天干劲是热。科学分析是冷。在我国,在目前,有些人太热了一点。他们不想使自己的头脑有一段冷的时间,不愿意做分析,只爱热。同志们,这种态度是不利于做领导工作的,他们可能跌斤斗,这些人应当注意提醒一下自己的头脑。另有一些人爱冷不爱热。他们对一些事,看不惯,跟不上。对这些人,应当使他们的头脑慢慢热起来。”①

当平衡与不平衡构成同一事物的不同运动状态,而不是分属于不同事物;怕与不怕构成同一个人的不同精神状态,而不是分属于不同的个人;冷与热构成同一个人头脑的不同状态,而不是分属于不同的个人头脑的不同状态,那么这些矛盾的两极的一个共同的特点,就是两极同体。

很清楚,当两极是同一事物的不同状态的时候,两极的载体是直接同一的。

三、两极是同一事物的不同属性

事物的不同属性是依附于事物本身的,其本身并无独立的空间形态,只能存在于一定的载体之中,通过载体的运动而表现出来。这样,当两极是同一事物的不同属性时,它们只能是同体的。如同一事物所包含的普遍性与特殊性、可能性与现实性、必然性与偶然性等矛盾,都是同体态的。

毛泽东曾指出,同世界上一切事物无不具有两重性一样,“帝国主义和一切反动派也有两重性,它们是真老虎又是纸老虎”②。他从历时

① 《毛泽东著作选读》下册,人民出版社1986年版,第808—809页。

② 《毛泽东著作选读》下册,人民出版社1986年版,第806页。

和共时两个角度分析了这种两重性。从历时角度看，历史上奴隶主阶级、封建地主阶级和资产阶级，在它们取得统治权力以前和取得统治权力以后的一段时间内，它们是生气勃勃的，是革命者，是先进者，是真老虎。在随后的一段时间，由于它们的对立面，奴隶阶级、农民阶级和无产阶级逐步壮大并同它们进行斗争，越来越厉害，它们就逐步向反面转化，转化为反动派，转化为落后的人们，转化为纸老虎，终究被或者将被人民所推翻。从共时角度看，反动的、落后的、腐朽的阶级，在面临人民的决死斗争的时候，也有这样的两重性。一方面，它们是真老虎，吃人，成百万人成千万人地吃。人民斗争事业处在艰难困苦的时代，出现许多弯弯曲曲的道路。中国人民为了摆脱帝国主义、封建主义和官僚资本主义在中国的统治，花了一百多年的时间，牺牲了大概几千万人之多，才取得最终的胜利。你看，这不是活老虎、铁老虎、真老虎吗？但是，它们终究转化成了纸老虎、死老虎、豆腐老虎。这是历史的事实。正是基于以上分析，毛泽东指出，从本质上看，从长期上看，从战略上看，必须如实地把帝国主义和一切反动派都看成纸老虎，从这点上，建立我们的战略思想。另一方面，它们又是活的、铁的、真的老虎，它们会吃人的，从这点上，建立我们的策略思想和战术思想。真老虎与纸老虎，作为帝国主义和一切反动派的两重属性，就是同体的两极。

四、两极是同一事物的结构与功能以及功能的二重性

结构是事物内部诸要素之间的关系，其实质是诸要素之间的交互作用，是要素之间物质、能量、信息的交换机制。作为事物内部的一种整体性关系，它只能以事物本身为载体。而功能则是事物整体在与外界环境交换物质、能量、信息的过程中表现出来的能力，是事物整体质

的外在表现。功能作为一种能力,尽管要在事物与外界环境的作用中表现出来,但实质上是内存于事物本身的,它的存在也只能以事物本身为载体。事物的结构与功能之间是对立统一关系。在事物要素确定的前提下,结构即是决定功能的因素。而功能对结构也有反作用,这种反作用有不同的方向:有的事物其功能发挥的过程,同时也就是结构瓦解的过程,如某些催化剂在发挥其功能之后本身即消解;有的事物其功能的发挥,则能促进结构的发展和完善,如科学研究工作功能的发挥,正在促使它形成基础研究、应用研究、开发研究的多层次的结构体系。无论如何,同一事物的结构与功能都要以事物本身为载体,作为矛盾的两极,二者当然是同体的。

此外,从事物的功能来看,当以主体的价值尺度来衡量的时候,往往表现出二重性:既有有利于主体的一面,也有不利于主体的另一面。当代科学技术的飞快发展就像一把双刃剑,一方面为创造人类的幸福提供了前所未有的无限的能力,另一方面也使人类掌握了可以毁灭地球上一切生命的能力;一方面极大地增强了社会生产力,促进了经济社会的发展,另一方面也放大了人为破坏环境的能力,加剧了生态危机。科学技术是集这种二重性于一身的。与此相关的还有实践的正负效应问题。实践本来是人改造世界以满足自身需要的一种客观物质活动,但是人处在世界普遍联系之网中,他在实践中所发生的与各方面的联系很复杂,实践的每一举措所牵动的因果链是多维的,而不是单维的,这样,实践所引起的现存世界的变化就不是单方面的,而是多方面的,在这多方面的变化中,有的能满足主体某些方面、某一层次上的需要,但也有的会对主体其他方面、其他层次上的需要的满足带来不利的影响。而且,人的需要又有眼前和长远之分,人在实践中所牵动的每一条因果链都是多环节的，实践所引起的现存世界的变化作为链条中的一个环节，不仅会现实地起作用，造成有利或不利于满足主体当前需要的结果，而且会对链条的下一步发展带来影响，从而成为有利或不利于满足主体长远需要的潜在因素。这样，实践的实际效应就不都是人们所希望的，而是无可避免地带有两重性，既有正效应，又有负效应。正负效应作为相互伴生的两极，集实践于一身，反映着主客体相互关系中的两个侧面，存在于同一载体，即主客体相互作用的物质体系中。

五、两极是同一事物的局部与整体

事物的局部与整体之间的关系也是对立统一的，局部是整体的基础，整体制约着局部。在空间形态上，局部只能存在于整体之中，整体包含着局部。当两极载体出现这种包含与被包含的情况时，也应视为同体，因为两极在空间形态上并没有分离。

《吕氏春秋·观表》曾以相马为例说明了事物的局部与整体之间的辩证关系："古之善相马者，寒风是相口齿，麻朝相颊，子女厉相目，卫忌相髭，许鄙相尻，投伐褐相胸胁，管青相膹吻；陈悲相股脚，秦牙相前，赞君相后。凡此十人者，皆天下之良工也。若赵之王良，秦之伯乐、九方堙，尤尽其妙矣。其所以相者不同，见马之一征也，而知节之高卑，足之滑易，材之坚脆，能之长短。非独相马然也。人亦有征，事与国皆有征。"马的口齿、颊、目、髭、尻、胸胁、膹吻、股脚、前、后，都是马的局部，观察一个局部表现即可推知马的整体状况，说明局部与整体之间有着密切的相互制约、相互影响的关系。而从空间形态上说，这些局部都是存在于整体之中的，是整体的有机组成部分；如果二者在空间形态上分离，局部即不成其为有机整体的局部，整体也将成为残缺不全的整体。

作为两极，其载体是统一的。不只马如此，其他事物也是如此。

黑格尔也非常重视局部与整体的关系，强调必须在与全体的关系中来考察部分，“犹如我们首先要对于一个地方的风景加以概观，如果我们只流连于这风景的个别地方，我们就会看不到它的全景。事实上个别部分之所以有其优良的价值，即由于它们对全体的关系”[①]。在这里，个别部分与全体作为两极也是同体的，在空间形态上一极存在于另一极之中。

六、两极是同一事物内部在空间形态上不能截然两分的不同要素

霭理士在分析人的行为因素时指出：“我们总须记得，目前社会上有两种人，都是在脑筋上比较转不过来的，第一种始终不了解人类行为有一个先天禀赋的因素，第二种则始终不了解人类行为有一个后天学习的因素，他们一遇到这一类的问题，总是分别用他们的成见来应付。就他们眼光所能达到的一部分的生活说，他们固然也各有各的用处，但就生活的全部说，就健全与稳定的整个的人生观说，他们的见解，便是合则两利，分则两伤。我们总得把两方面的眼光合并起来，才有希望可以看到一个问题的全部与问题的真相。”[②]换句话说，在霭理士看来，先天禀赋的因素与后天学习的因素乃是人的行为不可或缺的既相互区别又相互联系的两种因素，只有对这两种因素进行综合分析，才能对人的行为达到全面的、如实的认识。显然，先天禀赋因素与后天学习因素就

---

① [德]黑格尔著，贺麟、王太庆译：《哲学史讲演录》第一卷，商务印书馆 1959 年版，第 11 页。

② [英]霭理士著，潘光旦译注：《性心理学》，生活 · 读书 · 新知三联书店 1987 年版，第 190—191 页。

是人的行为中在空间形态上不能截然两分的不同要素，作为两极，其载体是同一的。

在中医学理论中，人的机体是由脏腑、血气、经络、肌肤等所组成的不可分割的统一整体。《黄帝内经》讲："心者，君主之官也，神明出焉。肺者，相傅之官，治节出焉。肝者，将军之官，谋虑出焉。胆者，中正之官，决断出焉。膻中者，臣使之官，喜乐出焉。脾胃者，仓廪之官，五味出焉。大肠者，传道之官，变化出焉。小肠者，受盛之官，化物出焉。肾者，作强之官，伎巧出焉。三焦者，决渎之官，水道出焉。膀胱者，州都之官，津液藏焉，气化则能出矣。凡此十二官者，不得相失也。""人之血气精神者，所以奉生而周于性命者也。""夫十二经脉者，内属于府藏，外络于肢节。""经脉者，行血气，通阴阳，以荣于身者也……别络十五，皆因其原，如环无端，转相灌溉。"所以，尽管人的机体的这些组成要素许多，也各具形体，但却紧密联系为有机的整体，在空间形态上互相联通，不可分离；任何一种要素一旦分离，也就不再保持原来的性质，不再为有生命的物质，并会对其他要素产生影响。同一事物内的组成要素如处于这种情况，当它们作为矛盾的两极时，亦应视为同体。

有的事物的组成要素不是这种情况。如原子核与电子作为原子的组成要素，不仅各有其独立的空间形态，而且二者空间形态的分离并不影响其各自性质的保持，作为矛盾的两极，它们正是在彼此空间形态分离的情况下展开矛盾运动的。像这种两极各有其独立的空间形态的情况，尽管它们是同一事物的要素，也应视为异体，而不能看作同体。因为同体、异体之体，是指两极各自的载体，而不是指矛盾统一体，也不是指矛盾的载体。

以上从六个方面大致分析了同体态矛盾两极的情况，这六个方面

并不是严格的分类,因而在内容上难免出现交叉。综合这六个方面的情况,可以对同体态矛盾的两极得出如下的认识:

第一,同体态矛盾的两极必在同一事物内。这是由两极同体的特点决定的。因此,同体态矛盾必是事物本身的矛盾,或者叫事物的内部矛盾。但并不是事物所有的内部矛盾都是同体态矛盾,当内部矛盾的两极各具独立的空间形态,在空间形态分离的情况下展开其矛盾运动时,它们是异体态的矛盾,如原子内部的原子核与电子的矛盾即为异体态矛盾。因此,同体态矛盾的两极在处于同一事物内部的同时,还须具备另外一些条件:

或者,两极本身并无独立的空间形态,只能依附于共同的载体,如同一事物的不同侧面、不同状态、不同属性,事物的结构与功能以及功能的二重性,人的行为的先天禀赋因素与后天学习因素等;

或者,两极本身一为有形,一为无形,无形的依附于有形的而存在。如人的机体的形与神的关系,形存则神存,形谢则神灭,这是同一事物不同侧面中的一种特殊情况;

或者,两极虽各具形体,却是包含与被包含的关系,如同一事物的整体与局部;

或者,两极虽各具形体,却紧密联系,在空间形态上互相联通,形成不可分割的统一整体,如人体的脏腑、肌肤等。

第二,同体态矛盾的两极有共时存在和历时存在两种情况。毛泽东在讲帝国主义和一切反动派既是真老虎又是纸老虎时,就从共时和历时两个角度进行了分析。怕与不怕作为人的精神的不同状态也有共时和历时两种情况,在某些问题上既怕又不怕,两种状态同时存在;而在另一些问题上,在没有思想准备时怕,待有了思想准备就不怕了。当然，并不是所有的同体态矛盾的两极都有这两种情况，有的同体态矛盾的两极只能共时存在，如形神关系；也有的同体态矛盾的两极只能历时存在，如同一事物先后出现的不同状态。对此要具体情况具体分析。

由于同体态矛盾的两极有共时存在和历时存在两种情况，于是当我们从四维时空的角度综合考察矛盾的存在形态时，就会看到矛盾的同体共时态和同体历时态这两种不同的存在形态。

第三，同体态矛盾两极的存在是普遍的。任何事物，任何事物的任何发展阶段，都会存在该事物的不同侧面、不同状态、不同属性以及结构与功能、局部与整体等之间的矛盾，这些矛盾都是同体态的。因此，同体态矛盾的两极是普遍地存在于一切事物的发展过程中，并存在于事物发展过程的始终。

第二节　同体态矛盾的对立性与同一性的具体表现

同体态矛盾作为辩证矛盾的一种特殊存在形态，一方面具有辩证矛盾所共有的基本属性即对立性与同一性；另一方面在基本属性的具体表现上又有自身的特点。

一、同体态矛盾的对立性

同体态矛盾的两极尽管各自没有独立的空间形态，存在于同一个载体之中，但彼此作为对立面，同样相互区别、相互否定、相互排斥、相互斗争。

（一）同体态矛盾两极的相互区别

我们已经知道，辩证矛盾两极的相互区别有内在差异和公开两立两种情况。那么，同体态矛盾的两极既然各自没有独立的空间形态而共存于同一个载体之中，它们之间的差别是否就是内在差异呢？不能这样说。因为所谓内在差异，是指两极在尚未完全具备作为对立面的完整的现实规定性的情况下，彼此之间相互区别的一种特殊表现。一旦两极分化为具有完整现实规定性的对立面，其间的区别就表现为彼此的公开两立。换句话说，两极之间的相互区别是内在差异还是公开两立，并不在于两极是否各具独立的空间形态，而在于两极是否完全具备作为对立面的完整现实规定性。同体态矛盾的两极如果有不完全具备作为对立面的完整现实规定性的情况，那么在这种情况下两极之间的差别当然是一种内在差异；但如果两极已完全具备作为对立面的完整现实规定性，即使两极同体，其间的区别也就不再是内在差异，而属于两极公开两立的情况。

大致说来，同体态矛盾两极的相互区别有如下几种情况：

1. 两极同体共时并存，自始至终公开两立。如磁之两极，硬币之两面，以及物之上下、左右、前后、表里等，作为对立面可以说是天生地成，自矛盾生成，两极即具备完整的现实规定性，并贯穿矛盾的全过程。

2. 两极同体共时并存，但在矛盾萌生阶段两极之间只有内在差异，后来才逐渐发展为公开两立。如在人的成长过程中，当某些方面的优势能力在少儿时期初露端倪，但还不具备完整的现实规定性，此时，这种优势能力与其他能力之间还只是一种内在差异，只有经过进一步的培养和训练，使这种优势能力得到充分的发挥和实现，它与其他能力之间的区别才表现为公开两立。

3. 两极同体历时并存，从静态来看，两极一潜一现，不完全具备完整的现实规定性，只有一极是现实态，另一极则是潜在的，其间的区别应看作内在差异的一种特殊情况；从动态来看，随着两极的潜、现转化，两极各以完整的现实态在四维时空中公开两立。历史上的奴隶主阶级、封建地主阶级和资产阶级在刚刚登上历史舞台的时候，是革命者，是先进者，后来就逐步走向反面，转化为反动派，转化为落后的人们。从历时角度看，其革命性和反动性、先进性和落后性，静态就表现为一潜一现的内在差异，动态就表现为两极现实态在四维时空中的公开两立。

（二）同体态矛盾两极的相互否定

同体态矛盾的两极也有彼此正相反对、互相否定的一面。两极各以自身表现着对方的否定方面，或者说以自身来否定对方。

领导工作作风中的形式主义与实事求是、多干实事就是正相反对、互相否定的两个方面。形式主义是实事求是、多干实事的否定方面，搞形式主义就不能实事求是、多干实事。李瑞环同志在一次讲话中指出，当前不必要的会议太多，不必要的节日太多，不必要的应酬太多。各种各样的形式主义，严重肢解了领导者的时间，耗费了国家的财力，助长了奢侈之风。广大人民群众对此反映强烈。我们要像邓小平同志倡导的那样，“少讲空话，多干实事”，力戒形式主义，集中精力，深入实际，了解民情民意，塌下心来琢磨事，扑下身子干工作。[①]

工作中的困难条件与有利条件也是这样。在同一次讲话中，李瑞环同志指出，贵州是一个内陆山区省，经济和社会发展基础薄弱，困难

① 参见《光明日报》1994 年 10 月 21 日，第 1 版。

很多。贵州拥有丰富的矿产资源和水能资源，又是一个开发潜力很大的地区。如何把资源优势转化为经济优势，是当前和今后都必须做好的一篇大文章。[①] 困难条件表现着有利条件的否定方面，困难条件不利于发展，有利条件则利于发展。

实践的正负效应，正效应表现着负效应的否定方面，正效应的有利于主体的存在和发展的性质就否定了负效应具有同样的性质。其他如事物的普遍性与特殊性，事物发展中的可能性与现实性等，作为对立面，也是正相反对、互相否定的。

同体态矛盾两极的相互否定，在两极共时并存的情况下，主要指两极性质、地位上的正相反对、互相否定；而在两极历时并存的情况下，就不仅是如此，它还包括两极存在形态的相互否定，即当某一极以现实态存在时，就否定了另一极同时也具有现实态，或者说，某一极的现实态存在正表现着对极潜在状态的否定方面。对同一个主体来讲，热衷于搞各种各样的形式主义，就不可能扑下身子多干实事；只有力戒形式主义，才能具备实事求是、多干实事的作风。这里有一个两极现实态替代转换的问题，只有在一定的条件下才有可能实现。

（三）同体态矛盾两极的相互排斥

同体态矛盾两极内容的多样性，决定了其相互排斥有复杂的表现形式。

首先，某些同体态矛盾的两极虽无独立的空间形态而共存于同一个载体中，但却在载体中各自占有特定的空间位置，表现出强烈的排他性。如磁之两极，即各居载体的一端。而物之上下、左右、前后、表里

---

① 参见《光明日报》1994 年 10 月 21 日，第 1 版。

等，则为同一物体的不同侧面，不容随意混淆。此处，人体的脏腑、肌肤等，尽管彼此联通而形成不可分割的统一整体，但也保持各自的形体，并占有特定的空间位置，形成稳定的结构。这说明，部分同体态矛盾的两极的相互排斥会通过一定的空间形式表现出来。

其次，同体历时态矛盾两极现实态的“不兼时而至”，表明其相互排斥会采取在时间上相分离的形式。同一个主体对达到某一个目标，可能从信心不足转为信心百倍，也可能从信心十足变为丧失信心。在这里，信心的足与不足作为相互对立的两种精神状态，显然是相互排斥的，这种相互排斥是通过二者不可能同时并存表现出来的。

然而，并不是所有的同体态矛盾两极的相互排斥都会采取上述的空间形式或时间形式。有的同体态矛盾的两极，如人的行为的先天因素与后天因素，在空间形态上并不能截然划分，不会各占特定空间位置，其相互排斥就很难通过空间形式表现出来。还有大量的同体态矛盾的两极不是历时并存而是共时并存，其相互排斥当然也就不会采取在时间上分离的形式。

那么，有没有所有的同体态矛盾两极的相互排斥都会采取的共同形式呢？有。那就是两极在保持各自的性质和地位上的排他性。同体态矛盾的两极，作为对立面，在性质上正相反对，在矛盾发展中的地位也不尽相同，对同体共时双方来说，有主从、并列等不同情况，对同体历时双方来说，虽然二者在纵向演进系列中地位对等，但在矛盾的不同阶段则有潜、现之分，而且在四维时空中各有其特定的位置。在矛盾常态发展的情况下，它们都会保持各自的特性和地位，而不容许轻易混淆。显然，这是它们相互排斥的共同的也是基本的形式。

（四）同体态矛盾两极的相互斗争

在同体态矛盾的发展中，两极还会通过彼此的相互限制、约束、改造乃至对抗，来维系矛盾的常态发展，或打破旧的秩序、创造矛盾运动的新形式，或求取矛盾的彻底解决。这就是两极的相互斗争。

两极的同体存在，规定了两极存在及其相互作用的空间范围，但并没有，也不可能改变两极变动不居的本性。只不过在矛盾发展的不同阶段，两极各自变化的程度不同，有大小之别，显著不显著之分。这样，当每一方的变动影响到对方的存在和发展，使对方受到抑制、削弱或损害的时候，都会遭到对方的抵制和限制，将其约束在一定的度的范围之内。人体的寒热、虚实就是在这样的相互限制和约束中，保持动态平衡，维系矛盾的常态发展。人们在社会实践活动中所发生的局部利益与整体利益、眼前利益与长远利益之间的冲突，以及解决这类冲突的统筹兼顾、综合平衡的方针，也体现着同体两极之间的相互限制和约束。

当然，有限制和约束，就有反限制、反约束。于是，就有形式不同、方式不一、程度不等的各种各样的冲突。在冲突中，当限制一方克服反限制一方，两极关系就会恢复某种平衡，矛盾仍保持常态。但这只是其中的一种情况。此外，还有其他情况。如，一旦限制被打破，反限制一方占了上风，它不仅会加速自己的变化发展，而且会改造对方。如果说限制还只是让对方不能怎样，改造则是让对方应该怎样，这在两极的相互斗争中是一种更积极的影响对方的手段和方式。这样做的结果，就会打破矛盾的原秩序，形成适于两极新情况的矛盾的新格局，创造出新的运动形式，使矛盾的发展进入新阶段。生产力和生产关系作为同体的两极，一旦生产力的发展冲破旧的生产关系的束缚，它就会要求形成适于自己发展的新的生产关系，而新的生产关系的建立和完善将极大地促进生产力的发展。当然，在一定条件下，同体两极这种限制和反限制的冲突也会造成矛盾的消解。社会集团中离心力的负面作用如不受凝聚力的向心作用的有力抵消，该集团就会分崩离析。

在限制和反限制的冲突中，同体共时并存两极的对抗以及同体历时并存两极的替代转换，是这种冲突的极端形式，只有在一定的条件下才会采取或实现。

二、同体态矛盾的同一性

同体态矛盾的两极不仅相互区别、相互否定、相互排斥、相互斗争，而且相互联系、相互依存、相互渗透、相互转化，并在这些方面与对立性的具体表现相对应，其自身也有种种具体表现。

(一)同体态矛盾两极的相互联系

正如同体态矛盾两极的相互区别不等同于内在差异一样，其相互联系也不等同于直接同一。矛盾总体上两极的相互联系是直接同一还是间接统一，并不在于两极是同体还是异体，而在于两极是否完全具备作为对立面的完整现实规定性。大体说来，它主要有如下几种情况：

1. 两极自始至终作为具备完整现实规定性的对立面同体共时并存，彼此互为中介，间接统一。磁之两极统一，物之上下、左右、前后、表里等正相反对的不同侧面之间的统一，都属于这种情况。

2. 某些同体共时并存的两极在矛盾的萌生阶段尚不完全具备作为对立面的完整现实规定性，彼此只是作为具有内在差异的双方而直接同一。只有随着矛盾的展开，双方演化为具有完整现实规定性的对立面，彼此公开两立，才互为中介、间接统一。如人的某种优长能力初露端倪时，尚不具备完整的现实性，它与其他能力之间还只是作为具有内在差异的双方而直接同一；只有当这种优长能力得到充分的发挥和实现,它与其他能力之间才作为具有完整现实规定性的双方而间接统一。

3. 两极同体历时并存,当一极为现实态时,另一极是潜在的,两极不完全具备作为对立面的完整现实规定性,其间只是作为具有内在差异的双方而直接同一;只有在一定的条件下,两极发生潜、现存在形态的替代转换,潜在的一极成为现实的,二者才在四维时空中作为各具现实态的对立面而间接统一。历史上的奴隶主阶级、封建地主阶级和资产阶级在刚刚登上历史舞台的时候,其革命性、先进性是现实的,其反动性、落后性是潜在的;只是在后来其逐步走向反面,才逐渐丧失了革命性、先进性,其反动性、落后性成为现实。这种革命性、先进性与反动性、落后性之间的相互联系,就有着潜、现双方的直接同一和四维时空中两极现实态的间接统一这两种情况。这与同体共时并存两极的直接同一和间接统一是有所区别的,需注意加以区分。

(二)同体态矛盾两极的相互依存

同体存在的两极不仅相互否定,而且互为存在的前提和条件。具体表现为:

1. 两极互为媒介。正因为两极相互否定,所以每一极都可以通过对极反观自身,确证自己的存在和本质。物之上下、左右、前后、表里,人之吉凶、祸福,都是相比较而存在。同体共时或同体历时的两极都是如此。

2. 两极相互创造、相互规定。可能性与现实性,可能性是尚未实现的现实性,现实性是已经实现的可能性,它又创造着新的可能性。自由与抑制,弗洛伊德有一句名言:“所谓自由生活本身就是一种抑制。”霭理士认为这句话很中肯,因为我们总得和我们等辈的人共同生活,而共同生活的必要条件是纪律和克己功夫。生活必须有抑制,即对种种冲动的裁节以及一部分自然倾向的驾驭。要取得自由生活，我们总得把我们一半的冲动压制下去，压制而成功，我们的幸福才算有了最后的凭借。在社会生活里，无节制的放纵是没有地位的。[1] 同体的两极，每一极在实现自身的同时，都在创造着对极，规定着对极。

3. 两极相互制约、相互保证。义与利，是人的社会实践活动不可分割的两个方面。一方面，人的社会实践活动必须合乎规范，适宜有度，这就是义。另一方面，人的社会实践活动归根到底是为了满足自身存在和发展的需要，这就是利。利是义的基础，义是利的保证。见利思义，不义勿取，是因为不义之利归根到底会损害主体长远的、根本的、整体的利益。利必须受义的制约。同时，义也不能脱离利，空头讲义是不能持久的。

4. 两极相互促进。知与行，朱熹曾指出："知之愈明，则行之愈笃；行之愈笃，则知之益明。"(《朱子语类》卷十四)在发展问题上，经济发展与社会发展的相互依存、相互促进已引起国际社会的注意，我们党也已把这个问题摆在重要的战略地位来考虑。江泽民同志在会见出席全国社会发展工作会议的代表时指出，我们的发展必须以经济建设为中心，这个任何时候都不能动摇。而经济发展应同社会发展紧密结合，物质文明发展应同精神文明发展紧密结合，做到相互促进，这一点必须十分明确，也是任何时候都不能动摇的。随着经济水平的提高和社会主义市场经济体制的建立，社会发展在政府工作中的分量将会加重。[2]

(三)同体态矛盾两极的相互贯通

① [英]霭理士著，潘光旦译注：《性心理学》，生活·读书·新知三联书店1987年版，第197—198页。

② 参见《天津日报》1994年10月22日，第1版。

同体态矛盾两极的相互贯通包括两极的相互渗透和相互转化。

1. 两极的相互渗透。对同体历时并存的两极来讲，这直接表现为两极的相互包含。“如寒则暑便在其中，昼则夜在其中。”(《朱子语类》卷九十八)反之亦然。

对同体共时并存的两极来讲，这意味着两极物质、能量、信息的交流。全息理论认为，事物的部分包含着关于整体的全部信息，通过观察局部，完全能够把握整体。当然，整体也反映着部分。经济伦理学认为，经济行为本身就具有伦理性，存在是否正义问题；而经济正义，又包含着实实在在的经济利益问题。这种相互渗透，正体现出两极的密不可分。

2. 两极的相互转化。《庄子》中有一则纪渻子养斗鸡的故事：“纪渻子为王养斗鸡。十日而问：‘鸡已乎？’曰：‘未也。方虚骄而恃气。’十日又问。曰：‘未也，犹应响影。’十日又问。曰：‘未也，犹疾视而盛气。’十日又问。曰：‘几矣，鸡虽有鸣者，已无变矣。’望之，似木鸡矣，其德全矣，异鸡无敢应者，反走矣。”斗鸡在训练过程中从原来的虚骄状态向后来的状似木鸡、精神凝聚、沉着待机状态的转变，生动地说明了同体历时并存的两极在一定条件下的相互转化。

毛泽东讲过：“人类总是要犯一些错误才能显出他们的正确……认识的盲目性和自由，总会是不断地交替和扩大其领域，永远是错误和正确并存……要知道，错误往往是正确的先导，盲目的必然性往往是自由的祖宗。人类同时是自然界和社会的奴隶，又是它们的主人。”①这里把同体历时并存以及同体共时并存两极在一定条件下的相互转化都讲到了。

① 《毛泽东著作选读》下册，人民出版社1986年版，第846页。

第三节　和谐与冲突争衡

——同体态矛盾的主要运动形式

矛盾的运动形式，受两极的时空分布形式及运动所面临的主要问题的制约。这在共时态和历时态矛盾的运动中已经能看得比较清楚。共时态矛盾，其两极共时并存，它在运动中面临的主要问题是共时并存两极的力量消长问题。历时态矛盾，其两极历时并存，它在运动中面临的主要问题是历时并存两极的替代转换问题。由此，共时态矛盾以两极力量消长为主要运动形式；历时态矛盾则以两极的替代转换为主要运动形式。这个问题，在同体态和异体态矛盾的运动中，我们将看得更加清楚。

同体态矛盾的运动，是同体两极相互作用的过程。两极的同体，规定了两极存在及其相互作用的空间范围，使它们不像异体的两极有那样大的空间自由度。而两极空间自由度的不同，使同体态与异体态矛盾在运动中面临着不同的主要问题。对异体态矛盾来说，在两极各具独立空间形态或各具独立载体的情况下，两极结合与分离倾向的竞相争势，始终是其运动中面临的主要问题，并由此构成其主要的运动形式。这一点我们将在下一章中详加探讨。而对同体态矛盾来说，它在运动中面临的主要问题是两极能否在同体中和谐相处，和谐与冲突的争衡构成其主要的运动形式。当然，这并不是说同体态矛盾就不存在两极的结合与分离的问题。红与专、德与才，作为我们所要求的主体所应具备素质的不同侧面，当然也有其结合与分离的问题。然而，大量的同体态矛盾，如磁之两极，物之上下、左右、前后、表里，事物的结构与功能，实践的正负效应等，其两极可以说是天生地成。在同体态矛盾中，两极的结合与分离问题远不如异体态矛盾那样突出。由此，我们在研究同体态与异体态矛盾的运动形式时，就不能不各有所侧重。

一、和谐与冲突的根源

同体态矛盾的两极既有和谐相处的一面，也有相互冲突的另一面，其根源在于矛盾的同一性与对立性的不可分离。和谐是同一性的表现。两极的相互联系、相互依存、相互贯通，决定了两极之间有一致和谐的一面。冲突则是对立性的表现。两极的相互区别、相互否定、相互排斥、相互斗争，又决定了两极之间有相悖冲突的另一面。同一性与对立性不可分离，贯穿于矛盾过程的始终，决定了两极的和谐与冲突相伴相生，也贯穿于矛盾过程的始终。

毛泽东在《青年团的工作要照顾青年的特点》这篇谈话中，强调“要使青年身体好，学习好，工作好”[①]。学生一方面学习，一方面娱乐、休息、睡眠，这两方面要充分兼顾。工农兵青年们是在工作中学习，工作学习和娱乐休息睡眠两方面也要充分兼顾。这实际就是指出了青年的身体与学习工作这两个方面的同一性，强调要保持两方面的和谐。然而，在实际当中，这两方面又有对立性，有冲突。“过去只抓紧了一头，另一头抓不紧或者没有抓。”[②]学生上课的时间多，积极分子开会也太多。“现在要搞些娱乐，要有时间，有设备，这一头也要来个抓紧。党中

---

① 《毛泽东著作选读》下册，人民出版社 1986 年版，第 700 页。
② 《毛泽东著作选读》下册，人民出版社 1986 年版，第 700 页。

央已经决定减少会议次数和学习时间，你们要监督执行。”“两头都要抓紧，学习工作要抓紧，睡眠休息娱乐也要抓紧。”[①]《青年团的工作要照顾青年的特点》是毛泽东在1953年的一篇讲话。时间已经过去了六十多年，但是看一看我们的青年工作，“两头都要抓紧”的问题依然存在，这仍然是我们要着力解决的一个重要问题，可见矛盾两极和谐与冲突并存的长期性。

教育工作中学生德、智、体全面发展的问题也是这样，本来这几个方面是相互保证、相互促进的，这在许多学生德、智、体全面和谐的发展中也得到了充分的体现；但是这几个方面也的确存在着相互对立、相互冲击的问题，尤其是智育对德育、体育的冲击，至今仍然是我们教育工作中的一个老大难问题。

在社会主义现代化建设中，物质文明建设与精神文明建设的同一性与对立性使二者之间也存在着既和谐又冲突的情况。众所周知，物质文明为精神文明的发展提供物质条件和实践经验，精神文明又为物质文明的发展提供精神动力和智力支持，为它的正确发展提供有力的思想保证。二者的互相依存、互相保证、互相促进、互相贯通，使它们在运动中必有和谐的一面。在这方面我们有许多的正面经验。但是，不可否认，两个文明建设中一手硬、一手软的现象依然存在。两手抓，两手都要硬，仍然是我们所要着力贯彻的正确指针。

不仅同体共时态矛盾如此，同体历时态矛盾也是如此，只不过在表现形式上有所不同。

同体历时态矛盾两极的相互依存、相互创造、相互贯通，使两极有

① 《毛泽东著作选读》下册，人民出版社1986年版，第700页。

其和谐的一面，尤其是两极现实态经由转化的环节在四维时空中展示出对称的和谐美；而两极的相互对立，又使二者有其冲突的另一面，特别是在彼此的替代转换中显示出冲突的严峻性。这个问题，只要看一看进退、消长、曲直、清浊等作为同体历时态矛盾两极的运动变化情况，就不难理解。

二、和谐与冲突争衡

同体态矛盾两极的和谐与冲突以矛盾的同一性与对立性为根源，在矛盾的运动中长期并存。然而，在这种运动中，和谐与冲突哪一方面都不甘心与对方平分秋色，而是始终在角逐矛盾运动中的主导地位。

毛泽东在讲"要使青年身体好，学习好，工作好"的时候，显然是看到了青年工作中只抓紧工作学习一头，而对娱乐休息睡眠另一头抓不紧或者没有抓这个问题，主张两头都要抓紧。换句话说，是要变两相抵牾为两相和谐。更准确点说，是要将两相抵牾为主变成两相和谐为主。因为在抓一头而忽视另一头的时候，并不等于两头没有和谐的一面；而当两头都抓紧的时候，也不等于两头没有相冲突的情况。问题的关键，在于和谐与冲突究竟哪一方面在矛盾的运动中占据主导地位。

在教育工作中，我们要求学生德、智、体全面发展；在社会主义现代化建设中，我们要求物质文明建设与精神文明建设要两手抓，两手都要硬，其实质都是要努力使两极的和谐发展在矛盾的运动中占据主导地位，但这并不可能完全消除两极之间抵牾、冲突一面的存在。

正因为两极的和谐与冲突无论哪一方面占据了矛盾运动的主导地位，都不能彻底消除另一方面的存在，所以和谐与冲突的争衡就是一个长期的过程。这个过程与矛盾的过程是同一的，有矛盾存在，两极的和谐与冲突的争衡就存在。在争衡的过程中，和谐与冲突的地位不是固定不变的，在一定的条件下，二者的地位会发生互相转化。

阴阳学说强调阴阳的和谐是万物正常存在和发展的必要条件，所谓“阴阳和而万物得”。而且，阴阳和谐也是人体健康的必要条件。然而，并不总是阴阳的和谐占据优势，阴阳的冲突、失调也可能占上风，那样，事物的发展就会出现异常。对人体来讲，“阴阳乖戾，疾病乃起”。当然，经过调节，阴阳的冲突、失调可以得到缓解，阴阳的和谐可以重新上升到主导地位，于是，事物的发展可以恢复常态，人也就恢复了健康。世间万物，特别是人体本身常态与异态的这种交替变化，正是万物包括人体内部阴阳相互作用过程中和谐与冲突争衡，交替占据主导地位的表现。

在社会主义制度下，个人利益和集体利益、局部利益和整体利益、暂时利益和长远利益，在根本上是一致的，因而它们之间的和谐经常地占据主导地位。但是，在这些不同的利益之间，也有不一致的方面，也会出现片面强调某一方面而侵害另一方面的情况，从而导致关系的紧张和冲突，使两头都受到损失。这就需要我们按照统筹兼顾的原则来调节各种利益的相互关系，特别要提倡个人利益服从集体利益、局部利益服从整体利益、暂时利益服从长远利益，克服关系的紧张和冲突，促使和谐重新上升到主导地位。

社会历史发展中社会形态的更替，当先后相继的社会形态在四维时空中各自展现出其完整的现实的风貌，无疑显示出历史的循序渐进与和谐。然而，和谐中存在着不和谐的因素，这种不和谐的因素在社会形态替代转换的过程中会强烈表现出来，显示出新旧两种社会形态的剧烈冲突。也就是说，同体历时态矛盾的运动中，两极的和谐与冲突也是交替地占据主导地位，彼此在一定的条件下向相反的地位转化。自然界中，昼夜、寒暑的变化也同样如此。

可见，同体态矛盾运动中两极和谐与冲突的争衡显然是一个动态的不断起伏变化的过程，不能用凝固的观点来看待。

三、和谐与冲突的争衡制约矛盾的发展

同体两极相互作用过程中和谐与冲突的争衡，作为同体态矛盾的主要运动形式，对矛盾的发展有着重要的影响，制约着矛盾的发展趋势和最终的结局。

一般来说，当两极的和谐在矛盾运动中占据主导地位的时候，矛盾会维持其常态的运行，发展比较平稳；而当两极的冲突在矛盾运动中占据主导地位的时候，矛盾的常态运行受到干扰，往往引发不同程度、不同方向的变化。

当前保健已日益引起中年人的重视。这是因为中年人虽然年富力强，但也正处在工作及生活负担最重的时期。有人把中年人的保健比作"收入"，把工作及生活的重担比作"支出"，只有在收支之间保持稳定和谐的状态，才能保持身体的健康，如果一味地要求身体支出而又不注意保健，就会入不敷出，使收支关系出现紧张，长期透支，势必消耗机体内存，逐步损坏身体健康，导致疾病发生或埋下隐患。这不仅是关系到中年人本身，而且是关系到每一个家庭的稳定和社会发展的重要问题。近年一些中年科学家的英年早逝留给我们的教训太深刻了。这个问题不仅中年人自己要重视，社会也应该给予必要的关心，并设法提供必要的条件。

在我们的政治生活和社会生活中，还有一个民主和集中、自由和纪

律的关系问题。毛泽东指出："在人民内部，民主是对集中而言，自由是对纪律而言。这些都是一个统一体的两个矛盾着的侧面，它们是矛盾的，又是统一的。"①我们所讲的民主是在集中指导下的民主，集中则是在民主基础上的集中；纪律是保障每一个公民真正自由的纪律，自由则是在纪律保障下的自由。它们的同一性，使它们有和谐的一面。毛泽东所倡导的"又有民主又有集中，又有自由又有纪律，生动活泼那样一种政治局面"，正是这些不同侧面之间的和谐居主导地位所形成的一种局面，这是正常的政治生活和社会生活所必需的。然而，它们之间的对立性又使这些不同侧面有相互冲突的另一面。如果集中失去了民主的基础，或民主不要集中的指导，如果纪律与自由两相悖离，而且这种倾向占据了主导地位，那么我们的政治生活和社会生活将会出现灾难性的局面。由此可知，和谐与冲突的争衡的确对矛盾的发展有着重要的影响。

值得注意的是，当两极的冲突使矛盾的正常运行受到干扰时，由于矛盾的性质和状况不同，以及主体的处置不同，会使矛盾发生不同的变化。大致说来有以下几种可能性：一是冲突得到缓解，矛盾恢复原常态运行。例如中年人因工作与生活负担过重而使身体受到损害时，可以通过加强保健、注意劳逸结合、保持乐观心态等方法使身体状况得到改善。二是冲突得到果断解决，并根据冲突发生的因素，适当改变矛盾运行的方式，创造适于矛盾运行的新形式。例如，在中央和地方的关系上，"我们建国初期实行的那种大区制度，当时有必要，但是也有缺点

① 《毛泽东著作选读》下册，人民出版社 1986 年版，第 762 页。

……以后决定取消大区，各省直属中央，这是正确的”[1]。中央这样做，并不是由此走到取消地方的必要的独立性。恰恰相反，我们一直强调，为了建设一个强大的社会主义国家，必须有中央的强有力的统一领导，同时，又必须充分发挥地方的积极性，各地都要有适合当地情况的特殊。但是，这种特殊是为了整体利益，为了加强全国统一所必要的特殊。三是冲突愈演愈烈，矛盾走向消解。在人类的社会实践活动中，如果不能正确认识义与利内在的统一性，不能保持二者的和谐，听任冲突发展，“一切向钱看”，那么其前景绝不是乐观的。“君臣、父子、兄弟终去仁义，怀利以相接，然而不亡者，未之有也。”(《孟子·告子下》)孟子的这段话，固然包含其特定时代的具体内涵，但是，从人类社会实践活动的大视角来看，它包含着普遍的真理性的内容，也是不容置疑的。

四、研究和谐与冲突争衡运动形式的实践意义

对同体两极和谐与冲突争衡这种运动形式的研究，有益于我们在实践中正确地认识和处理同体态矛盾发展中的问题。

首先，这有助于我们从同体两极在相互作用过程中的和谐与冲突这两个侧面获得比较全面的认识。具体地说，就是我们在认识和把握同体态矛盾的运动时，一要注意两极的和谐与冲突是矛盾运动中长期并存的两个方面，在看到和谐一面时，不要忘记还有不和谐的因素；而看到两极的冲突时，也不要忘记它们还有和谐的另一面。不能只见其一，不见其二。二要注意两极的和谐与冲突作为矛盾运动的两个侧面的不均衡性，二者争相占据矛盾运动的主导地位，于是在矛盾运动中的

---

① 《毛泽东著作选读》下册，人民出版社1986年版，第730页。

地位和作用就有主次和隐显之分，不能将二者等量齐观。三要注意和谐与冲突的争衡是一个动态的起伏变化的过程，二者在矛盾运动中的地位和作用不是固定不变的，在一定的条件下会发生相互转化。不能用凝固的观点看待它们的地位和作用。

在社会主义现代化建设中，物质文明建设与精神文明建设之间就存在着既相和谐又相冲突这两个侧面。我们既要看到两个文明建设的和谐进展的一面，也不能忽视一手硬一手软的问题。邓小平同志指出，这些年，“经济建设这一手我们搞得相当有成绩，形势喜人，这是我们国家的成功。但风气如果坏下去，经济搞成功又有什么意义？会在另一方面变质，反过来影响整个经济变质，发展下去会形成贪污、盗窃、贿赂横行的世界”[①]。因此，我们必须坚持两手抓，两手都要硬，要使物质文明建设与精神文明建设的和谐进展占据主导地位；必须坚决扭转一手硬、一手软的现象，不能任其发展。总之，我们不仅经济要上去，社会秩序、社会风气也要搞好，这才是有中国特色的社会主义。

其次，对和谐与冲突争衡这种运动形式的研究，有助于我们根据矛盾的性质和状况，对矛盾运动中的各种情况做出正确的处置，导引矛盾前进。当我们需要矛盾维持其常态的稳定发展时，就应该充分地利用矛盾的同一性，保持两极的和谐，抑制不和谐的因素。另一方面，也应该看到，矛盾的冲突也并不可怕，一是它在矛盾的运动中不可避免；二是冲突的凸显，往往提供变化的契机，只要主体处置得当，不仅可以使矛盾恢复稳态，而且可以使矛盾在新的水平上得到新的发展。邓小平同志在研究经济发展问题时指出：“可能我们经济发展规律还是波浪式

① 《邓小平文选》第三卷，人民出版社 1993 年版，第 154 页。

前进。过几年有一个飞跃，跳一个台阶，跳了以后，发现问题及时调整一下，再前进。”①邓小平同志通过跳台阶这种向斜上方不断跃升的运动，以独特的视角生动形象地说明，在前进中稳是需要的，但稳并不能解决一切问题，最根本的还是要抓住时机上台阶。我们不能总在一个层次、一个水平上徘徊，只有跳，才能不断上升到新的高度。“这方面也有国际经验嘛。好多国家都是这个样子，十年就跳出来了……我们不抓住机会使经济上一个台阶，别人会跳得比我们快得多，我们就落在后面了。”②在发展过程中，每一次跃升，跳上一个台阶，都需要主体积蓄力量、创造条件、把握时机，都是主体奋发拼搏的结果。在跃升中要完全避免矛盾关系的紧张和冲突是不可能的，但发现问题可以及时调整。每次跃升后相对稳定的发展时期，正是主体在新高度、新水平上自觉调整，以解决跃升中发生的新问题、为下一次跃升准备条件的时期，这个时期有多长、需要调整什么内容、为下一次跃升准备什么条件，都需要主体自觉地发挥主观能动性，认真地运筹和把握。总之，主体在矛盾运动过程中应该以积极的态度处置各种情况，把握跃升和调整的主动权，引导矛盾前进。

① 《邓小平文选》第三卷，人民出版社 1993 年版，第 368 页。

② 《邓小平文选》第三卷，人民出版社 1993 年版，第 368—369 页。

第五章　异体态矛盾

异体态矛盾，是指矛盾两极的载体是两个或两个以上的物体，即两个或两个以上的空间三维之体，两极在空间形态上相分离这样一种矛盾。两极在空间形态上分离仅是两极空间分布的一种形式，并不意味着二者关系的脱离，恰恰相反，正是在这种形式下，两极保持其内在的对立统一关系，展开其矛盾运动，形成与同体态矛盾相对应的另一种典型的矛盾存在形态。

异体态矛盾在其两极构成、对立性与同一性方面的具体表现以及运动形式上，也有自己的一系列特点。

第一节　异体态矛盾两极的内容和特点

怎样的两极在空间分布上是异体的，从而构成异体态矛盾呢？大体有如下几种情况。

一、两极是同一事物内部各具独立空间形态的不同要素

这是同一事物内部所包含的各种不同矛盾中的一种特殊情况，在第四章中已经涉及了。

我们曾以原子中的原子核与电子为例，指出它们各有其独立的空间形态，二者正是在彼此空间形态分离的情况下展开其矛盾运动的。换句话说，它们的相互联系，正存在于它们在空间形态上的相互分离之中。因其如此，尽管两极是同一事物内部的不同要素，它们构成的矛盾仍应看作异体态矛盾，而不应看作同体态矛盾。

实际上，这种情况不仅自然界存在，社会中也存在。企业中各职能部门与生产车间之间，军队中各兵种、各方面军之间，各自均有其独立的空间形态，它们之间的联系和运作是在各自的空间形态相互分离的情况下进行的，当它们作为矛盾的两极时，其空间分布也是异体的。

当然，就企业、军队的整体而言，它们都是一个统一体，并有自身完整的空间形态，正如原子就其整体而言也是一个统一体，也有自身完整的空间形态一样。但统一体之体以及事物自身完整的空间形态，与事物内部的要素作为矛盾的两极其各自的载体、各自的空间形态，乃是不同层次、不同意义上的两个问题。当我们指出同一事物内部各具独立空间形态的不同要素作为矛盾的两极在空间分布上是异体的时候，并不否认它们之间存在着内在的联系，并由这种内在联系而构成统一体，而统一体又有自身完整的空间形态。这是我们从空间角度研究矛盾的存在形态时，始终要分辨清楚、不可以混为一谈的。

二、两极是各具独立空间形态的不同事物

相对事物内部的要素而言，这是在高一层次上，即事物与事物之间来探讨异体态矛盾的两极构成问题。

人与自然环境就是这样的两极。人是物质自然界长期发展的结果。人通过生产劳动使自己成为社会存在物，发展了自己的本质力量，确立了自己的主体地位，使自己从物种上同自然界的动物区别开来，从而从物质自然界中分化出来。人成为认识和改造自然界的主体，自然界成为人社会实践活动的客体，二者各具独立的空间形态，成为异体的相互作用、相互制约的两极。马克思和恩格斯指出："凡是有某种关系存在的地方，这种关系都是为我而存在的；动物不对什么东西发生'关系'，而且根本没有'关系'；对于动物来说，它对他物的关系不是作为关系存在的。"[①]也就是说，人作为主体，其认识和改造世界的社会实践是一种自觉地为满足自身存在和发展的需要而进行的有意识有目的的客观物质活动，在这种活动中所发生的主体与客体之间认识与被认识、改造与被改造的关系，具有"为我而存在"的独特性质。这正是人与动物的根本区别。自然界的动物同其他自然存在物之间虽然也有相互作用的关系，但那始终是自然界本身的一种关系，是一种纯粹的自然关系。换句话说，动物与其他自然存在物作为相互作用的两极，也会构成矛盾关系，从其各具独立空间形态这一点来讲它们也是异体态的两极，但这是在较低层次上，在自然界本身内部的一种矛盾关系，这种关系不同于

① 马克思、恩格斯著，中共中央马克思恩格斯列宁斯大林著作编译局译：《马克思恩格斯全集》第一卷，人民出版社 1956 年版，第 35 页。

已从物质自然界分化出来的人同自然界之间的那种主体与客体的关系，它不具有“为我而存在”的性质。正是在这个意义上，马克思和恩格斯指出，“动物不对什么东西发生‘关系’，而且根本没有‘关系’”。这个带引号的关系即是指主体对客体的能动地认识和改造的关系。至于动物与自然界则是同一事物中的要素与整体的关系，二者在空间形态上是统一的，动物包含于自然界之中，二者之间不能构成异体的两极。这与动物和其他自然存在物的关系又有不同。

从不同层次、不同领域来考察，各具独立空间形态的不同事物构成异体态矛盾两极的情况很多、很普遍。在国际关系中，国与国之间；在社会关系中，不同社会集团之间，人与人之间；在信息关系中，信源与信宿之间等，这些矛盾关系的两极由于其各具独立的空间形态，故都是异体的。

事物是有层次的。任何具体事物，都包含有自身的组成要素，同时事物本身也是构成更高层次的事物的要素。所以，“同一事物内部各自具有独立空间形态的不同要素”，与“各具独立空间形态的不同事物”，在一定的条件下，二者是可以相互转化的，但这并不等于说可以对二者不加区分。矛盾两极的空间分布极其复杂，既有同一层次的情况，也有跨越层次的情况；既有处于同一事物之中的情况，也有处于不同事物之中的情况，而且这几种情况互相交叉。这样，我们在研究矛盾的存在形态时就需要具体情况具体分析，注意事物的层次之别，把握矛盾两极空间分布的不同情况，这对矛盾存在具体形态的确定是至关重要的。

三、两极是分属于各具独立空间形态的不同事物的相互对立的要素

《史记·孙子吴起列传》中有一段有趣的记载，讲孙膑到齐国以后，“齐将田忌善而客待之。忌数与齐诸公子驰逐重射。孙子见其马足不甚相远，马有上、中、下辈。于是孙子谓田忌曰：‘君弟重射，臣能令君胜。’田忌信然之，与王及诸公子逐射千金。及临质，孙子曰：‘今以君之下驷与彼上驷，取君上驷与彼中驷，取君中驷与彼下驷。’既驰三辈毕，而田忌一不胜而再胜，卒得王千金。”这就是著名的田忌赛马的故事。在这场千金豪赌中，田忌之所以获胜，在于听从孙膑的安排，以己之下驷对彼之上驷，再以己之上驷对彼之中驷，己之中驷对彼之下驷，从而一负两胜，赢得整体的胜利。值得注意的是，在这里驰逐的双方采取的是按照马的上、中、下三个等级分场比赛的方式，于是每次捉对比赛的就不是双方力量的全部，而都是单马出阵。这样，在每场比赛中构成矛盾两极的，就不是双方的整体，而是分属于双方的相互对立的要素。这样的两极，显然是异体的，因对阵的马均各具形体。

在军事对抗中，这种情况很多。在每场战役中，双方未必都投入自己的全部力量，而是根据需要和可能，调集自己的部分力量与对方作战。这样，在每场战役中构成交接作战两极的，就未必是战略对抗中两方的整体，而更多的是两方各自的组成要素。即使一些大的战役，也是如此。解放战争中，辽沈战役是中国人民解放军东北野战军与国民党军东北地区部队作战，我方歼敌 47 万余人；淮海战役是中国人民解放军中原野战军与华东野战军会合，同国民党军徐州“剿总”总司令刘峙指挥下的部队连同以后从华中增援的黄维兵团作战，我方歼敌 55 万余

人，并击退了从南京方面来援的敌方的两个兵团；平津战役，是中国人民解放军东北野战军和华北军区第二、第三兵团及地方部队合力围歼国民党军华北“剿总”总司令傅作义指挥下的50多万军队，共歼灭和改编了国民党军队52万余人。在这三大战役中，交战的都不是中国人民解放军与国民党军的全部，而是各自的部分力量，或者说是各自的组成要素。

当然，战争的情况极其复杂，除上述对抗双方在一定的时间、地点以各自的局部力量直接交战的情况外，也有双方都投入全部力量决一死战的情况；还有某一方以自己的全部力量集中对付另一方局部力量的情况，这在弱小一方对付强大之敌时，往往是消灭敌人、保存自己的有效方法。但无论哪一种情况，直接交战的部队都各具独立的空间形态，它们作为矛盾的两极都是异体的。对抗双方以各自局部力量直接交战的情况并不例外。

此外，在国际交往中，经济、政治、文化等各界人士在一定场合的分别接触，在当今体育界一些项目如乒乓球比赛的团体赛中，每场比赛出场的双方运动员之间的对抗，都是分属于各具独立空间形态的不同事物的相互对立的要素作为异体态矛盾的两极相互作用的实例。

四、两极是分属于各具独立空间形态的不同事物的相互对立的属性

柔与刚，作为事物的不同属性，本身并无独立的空间形态，必依附于一定的载体，在一定的事物中表现出来。二者既有依附于不同的载体、在相互对立的事物中表现出来的情况，也有依附于同一个载体、为同一个事物所兼备的情况。老子讲“柔弱胜刚强”，这是柔与刚分属于

各具独立空间形态的不同事物的情况。古佚书《十六经·三禁》讲“人道刚柔”则是主张刚柔兼备于一体。柔与刚作为矛盾的两极，在前一种情况下是异体的，在后一种情况下是同体的。

强与弱、众与寡，当作为同一事物发展过程中交替出现的不同属性时，是同体的；当作为相互对立的事物不同的属性的，则是异体的。《吕氏春秋》讲：“乱莫大于无天子，无天子则强者胜弱，众者暴寡，以兵相刬，不得休息，而佞进。”在这里，强与弱、众与寡是分属于不同的主体的属性，在其空间分布上当是异体的。《孙膑兵法》中有一段齐威王与孙膑的问答：“威王曰：‘用众用寡有道乎？’孙子曰：‘有。’威王曰：‘我强敌弱，我众敌寡，用之奈何？’孙子再拜曰：‘明王之问。夫众且强，犹问用之，则安国之道也……’”这里讲的我强敌弱、我众敌寡，也是强弱、众寡分属于不同的主体的情况。在孙膑看来，战争的双方，一强一弱，一众一寡，胜利未必一定属于既众且强的一方，在一定的条件下，寡能敌众，弱能胜强。所以，在众且强的有利条件下，尚能虚心研求用兵的方法，这才是安国之道，体现了君王的明智。

战争有正义和非正义之分，于是军队就有正义之师与不义之师的区别。正义和不义是分属于不同军队的相互对立的性质。人有美丑之分，于是“西施浣纱”中的西施就成了美的象征，“东施效颦”中的东施就成了丑的代号。美与丑在这里也是分属于不同的主体的。总之，当两极是分属于各具独立空间形态的不同事物的相互对立的属性时，二者在空间分布上必是异体的。

五、两极是分属于各具独立空间形态的不同事物的相互对立的状态、态势

动与静是事物运动中的不同状态。当动与静作为同一事物交替出现的不同状态时，二者是同体的。但当动与静作为不同事物之间相互对立的状态时，由于其载体不同，二者是异体的。《吕氏春秋》强调君主要清静，以静制动："凡君也者，处平静，任德化，以听其要。""用则衰，动则暗，作则倦。衰、暗、倦三者，非君道也。""天之大静，既静而又宁，可以为天下正。"这里讲的静与动以及俗语所讲的"一静制百动"中的静与动，都属于在空间分布上异体的情况。

孙子说："凡先处战地而待敌者佚，后处战地而趋战者劳。"军事上这种以逸待劳的情况，反映了交战双方的不同状态。战争中，每一方都要争取使自己处于从容不迫的状态，以养精蓄锐，保持强大的战斗力；同时又要千方百计地调动敌人，使敌人处于奔波劳顿的状态，以消耗敌人，削弱敌人的战斗力。"故善战者，致人而不致于人。能使敌人自至者，利之也；能使敌人不得至者，害之也。故敌佚能劳之，饱能饥之，安能动之。"调动敌人，使敌人从佚、饱、安转为劳、饥、动，这种于敌一方前后状态的变化是同体的变化，与交战双方异体的不同状态有所区别，当然也有联系。区别在于一为同体历时的变化，一为异体共时的关系。联系在于一方的同体历时的变化是另一方调动的结果，同时为另一方处于有利状态创造了条件。

在当代社会生活中，不同国家、不同地区之间有穷富之别，有发达与不发达之分；在遇到某些问题时，不同的人有不同的态度，一些人头脑热，另一些人头脑冷；在我国体育界某些项目中，则有"阴盛阳衰"的

现象等。在这些现象中，都可以发现分属于不同事物的相互对立的状态，作为矛盾的两极，其空间分布都是异体的。

与此相类似的是不同事物的相互对立的态势。

孙子讲："激水之疾，至于漂石者，势也。""故善战者，求之于势，不责于人。故能择人而任势。任势者，其战人也，如转木石。木石之性，安则静，危则动，方则止，圆则行。故善战人之势，如转圆石于千仞之山者，势也。"孙膑说："势者，所以令士必斗也。"他们都强调势的作用。水是柔弱的，但只要造成一定的势，激水即能漂石。士兵有强有弱，但只要造成"如转圆石于千仞之山"之势，士兵必然士气大作，勇敢作战。

不仅兵家重视势，法家也重视势。慎到认为，"贤而屈于不肖者，权轻也；不肖而服于贤者，位尊也。尧为匹夫，不能使其邻家；至南面而王，则令行禁止。由此观之，贤不足以服不肖，而势位足以屈贤矣"。在政治生活中，慎到把权势放到了首要地位。《管子》也认为，"凡人君之所以为君者，势也"，"故人君失势，则臣制之矣，故君臣之易位，势在下也"；臣"非爱主也，以畏主之威势也"，"百姓之争用，非以爱主也，以畏主之法令也"，所以，"权势者，人主之所独守也"。韩非更重视势，他明确指出："凡明主之治国也，任其势"，"民者因于势"，"有材而无势，虽贤不能治不肖"，"人臣之于其君也，非有骨肉之亲也，缚于势而不得不事也"，"主失势而臣得国"。总之，在法家看来，君主之所以能驾驭群臣、号令天下，就在于有势，在上位；而臣之事君，百姓之争用，则由其缚于势、因于势，在下位。这是符合当时历史实际的。

这说明，不同事物的不同态势，是影响事物之间关系的极其重要的因素。势在上与势在下，作为分属于不同事物的相互对立的态势，也是异体的两极。当然，这种不同的态势不是凝固不变的，而是流动变化的。无论兵家还是法家都已经看到了这一点。这一点我们在下一节再详细论述。

六、两极是分属于各具独立空间形态的不同事物的相互对立的趋势

毛泽东在《论持久战》中曾全面分析了中日双方的情况，指出日本的长处是其战争力量之强，而其短处则在其战争本质的退步性、野蛮性，在其人力、物力之不足，在其国际形势之寡助；而中国的短处是战争力量之弱，而其长处则在其战争本质的进步性和正义性，在其是一个大国家，在其国际形势之多助。中日双方的这些不同特点，决定了“中国由劣势到平衡到优势，日本由优势到平衡到劣势，中国由防御到相持到反攻，日本由进攻到保守到退却——这就是中日战争的过程，中日战争的必然趋势”①，“中日战争的最后结局，可以预断，日本将以绝对劣势而失败，中国将以绝对优势而获胜”②。毛泽东的这种实事求是的分析，对于指导抗日战争走向胜利起了伟大的历史作用。

当今世界科学技术的迅猛发展，正在引起产业结构的巨大变化，一些新的工业迅速崛起，一些老的工业则走向衰落。阿尔温·托夫勒在《第三次浪潮》中指出，在量子电子学、信息论、分子生物学、海洋工程学、核子学、生态学和太空科学的综合科学理论上发展起来的电子工业、宇航工业、海洋工程、遗传工程四组相互关联的工业群将成为第三次浪潮时代的工业骨干。他认为，第二次世界大战后，英国工党所要求

---

① 《毛泽东选集》第二卷，人民出版社 1991 年版，第 468—469 页。
② 《毛泽东选集》第二卷，人民出版社 1991 年版，第 489 页。

控制的工业“制高点”恰恰是被技术革命所淘汰的煤矿、铁路和钢铁工业，英国社会主义的失败是技术大变革的反映。[①] 人们可以对托夫勒的观点有不同的看法，但他所反映的科学技术的发展会引起产业结构的变化，使不同的工业群呈现不同的发展趋势这个事实，还是应该肯定并予以正视的。

这种不同事物的相反的发展趋势，由于其分属于不同的载体，作为矛盾的两极其空间分布当然是异体的。从异体态矛盾两极的具体内容来讲，当然不止于上述的六个方面。但从上述六种情况加以综合，已可对异体态矛盾的两极得出下列认识：

第一，异体态矛盾的两极既有处于同一事物内部的情况，如两极是同一事物内部各自具有独立空间形态的不同要素；也有处于不同事物之中的情况，如两极是各具独立空间形态的不同事物或两极是分属于各具独立空间形态的不同事物的相互对立的要素、属性、状态、趋势等。所以，异体态矛盾范畴与事物内部矛盾、事物之间的矛盾这两个范畴是交叉的关系，彼此并不等同。

第二，异体态矛盾的两极有各具独立空间形态的情况，如两极是同一事物内部或分属于不同事物的各自具有独立空间形态的不同要素，或两极是各具独立空间形态的不同事物等；此外，异体态矛盾的两极还有本身不具独立的形体，但依附于不同的空间载体的情况，如两极是分属于各具独立空间形态的不同事物的相互对立的属性、状态、趋势等。

第三，异体态矛盾的两极在其空间形态或载体上，可以是一体对一

① ［美］阿尔温·托夫勒著，朱志焱等译：《第三次浪潮》，生活·读书·新知三联书店1984年版，第16页。

体，如将对将、兵对兵，各自单个捉对厮杀；也可以是一体对多体，如一个信源可以对多个信宿发送信息，一个信宿也可以接收多个信源的信息；此外，还有多体对多体的情况，如田忌赛马中，驰逐双方作为两极，是各以三匹马对阵的，当然，在每场比赛中的具体情况当另作别论，这里有层次之别，我们只能在具体的层次上讨论问题。

以上三点，使异体态矛盾的两极与同体态矛盾的两极有了明显的区分。同体态矛盾的两极必在同一事物之中，因而同体态矛盾必是事物的内部矛盾，包含于事物内部矛盾的范畴之中，其两极在空间形态上不能分离，两极的载体同一或统一，是不可分割的统一整体。这些在上一章已经讲过了。

第四，异体态矛盾的两极大量的是共时并存的，这在上面举的各种例子中看得很清楚。原子核与电子、战争双方以及分属于不同事物的相互对立的属性、状态、趋势等，都是在共时并存中构成对立统一的两极。那么，异体态矛盾的两极有没有历时并存的情况？也有。我们在第一章中已经讲过，分工的出现，使商品总生产过程中的各道工序不仅可以在空间上分离，分属于不同的载体，而且可以在时间上分离，依次历时实现，于是相互衔接的相对应的工序就成为异体历时的两极。这是同一事物（商品总生产过程）中的不同要素（各道工序）不仅各具独立的空间形态（在不同的地点，由不同的主体用不同的工具来完成），而且历时并存的情况。所以，从四维时空的角度看，异体态矛盾中实际包含着异体共时态和异体历时态两种不同的矛盾存在形态。这一点与同体态矛盾两极的情况是相似的。

第五，与同体态矛盾的两极一样，异体态矛盾两极的存在也是普遍的。且不说事物内部的矛盾情况，即使从事物之间来说，任何事物，任何事物的任何发展阶段，都会与其他事物发生这样那样的矛盾关系，在这种矛盾关系中，两极或各有其独立的空间形态，或依附于不同的空间载体，从空间分布来讲都是异体的。在这个意义上，应该说异体态矛盾的两极存在于一切事物的发展过程中，并贯穿于每一过程的始终。

第二节　异体态矛盾的对立性与同一性的具体表现

异体态矛盾作为辩证矛盾的一种典型存在形态，在矛盾基本属性上也有自身的一系列的具体表现。

一、异体态矛盾的对立性

我们仍然从对立面之间的相互区别、相互否定、相互排斥、相互斗争等几个方面，分别探讨一下异体态矛盾对立性的具体表现。

(一)异体态矛盾两极的相互区别

两极的异体分布并不意味着它们在矛盾生成、发展的全过程中必然始终完全具备作为对立面的完整现实规定性。粗略考察一下，异体态矛盾两极的相互区别大致有如下几种情况：

第一种情况：两极原先作为各具独立形体的事物存在于先，其间的矛盾关系发生于后。很明显，并不是异体的任何事物之间都能构成现实的对立统一关系，只有在一定的条件下，两极相逢，才能构成相互作用的对立面。《晏子春秋》中有这样一则故事："晏子使楚。以晏子短，楚人为小门于大门之侧而延晏子。晏子不入，曰：'使狗国者，从狗门入，今臣使楚，不当从此门入。'傧者更道从大门入。""见楚王。王曰：'齐无人耶？'晏子对曰：'临淄三百闾，张袂成阴，挥汗成雨，比肩继踵而在，何为无人？'王曰：'然则子何为使楚乎？'晏子对曰：'齐命使，各有所主：其贤者使使贤主，不肖者使使不肖主。婴最不肖，故直使楚矣。'"在这里，作为齐国使者的晏婴，先与楚国的傧者，后与楚王，分别构成异体态矛盾的两极。两极作为个体的人存在于先，在晏子使楚的过程中，彼此相逢，成为对立面。晏婴、傧者、楚王，自矛盾伊始，其各自的身份即是确定的。他们作为对立面，在矛盾生成、发展的全过程中，始终各有其独立的形体，而且各有其完整的现实的规定性。两极之间的相互区别，也就自始至终表现为既各有其独立形体，又各有其完整的现实规定性的两极之间的公开两立。

第二种情况，两极原先也各具独立形体，但在矛盾萌生时两极尚不具备作为对立面的完整的现实规定性，其间的区别只表现为内在的差异，只是随着矛盾关系的确立和发展，其间的区别才演化为既各具独立形体，又各有其完整的现实规定性的两极之间的公开两立。《史记·陈涉世家》中讲："陈涉少时，尝与人佣耕，辍耕之垄上，怅恨久之，曰：'苟富贵，无相忘。'庸者笑而应曰：'若为庸耕，何富贵也？'陈涉太息曰：'嗟乎，燕雀安知鸿鹄之志哉！'"当此之时，陈涉已有了日后成王的内在因素"鸿鹄之志"，但还不是现实的王，与其他佣耕者仅有内在差异。到后来，与吴广一起在大泽乡揭竿而起，自立为将军，攻城拔地，"比至陈，车六七百乘，骑千余，卒数万人"，攻陈入据后，"号令召三老、豪杰与皆来会计事。三老、豪杰皆曰：'将军身被坚执锐，伐无道，诛暴秦，复立楚国之社稷，功宜为王。'陈涉乃立为王，号为张楚。"至此，陈涉才成为现实的王，形成王与民之间的公开两立。

第三种情况，两极本身并无独立的空间形态，但依附于不同的空间载体，各有其作为对立面的完整的现实的规定性，其间的区别自始至终表现为依附于不同的空间载体，各有其完整的现实规定性的两极的公开两立。如分属于各具独立空间形态的不同事物的相互对立的属性、状态、趋势等之间的区别，就属于这种情况。

如果说以上几种情况主要讲的是异体共时态矛盾两极的相互区别的话，那么我们还需要注意第四种情况，即两极是异体而历时并存的对立面，从静态来看，两极的相互区别表现为一潜一现；从动态来看，其区别表现为异体而各具完整现实规定性的两极在四维时空中的公开两立。在分工条件下商品总生产过程的启动阶段，相互衔接的相对应的工序须循序启动，其间的差别就有静态和动态两种表现。

（二）异体态矛盾两极的相互否定

这是异体态矛盾两极正相反对的性质在对立面相互作用中的一种表现，每一极都以自身表现着对方的否定方面，或者说以自身来否定对方。

"集中兵力，避实击虚"是军事行动中的一条重要原则。一般来说，交战双方总是各有虚实。以虚对虚，无大战事。以实对实，必有一番激战，造成双方的损耗。以虚对实，当然是取败之道。诸葛亮空城弄险，是以虚为实，造成敌之犹豫彷徨，不敢贸然交战，给自己争取了撤退时间，但也只是保存自己而已。唯有以实击虚，方能迅速破敌，夺取胜利。当一方在军事行动中造成"兵之所加，如以碫投卵者"的效果时，那一定是此方在一定的时间、地点集中了优势兵力，准确地打击了薄弱之敌。一方坚实如碫，一方脆弱如卵。二者都以自身表现着对方的否定方面。此外，战争中双方在所从事战争的性质、军力的大小、民心的向背、得助的多寡以及所处的态势、发展的趋势等方面，往往也是相互否定的。

当然，不只战争双方如此。举凡异体态矛盾的两极在其相互作用中都有相互否定的一面。

人与动物，人以其自觉能动性，可以有意识有目的地运用自己制造的工具对动物进行保护、捕猎与驯化、饲养，而动物则没有自觉的意识和目的，不能制造工具，只能处于被保护、捕猎、驯化、饲养的状态。人所有的特性，正表现着动物所没有的东西，两方面正相反对，互相否定。农业与工业、轻工业与重工业、东方与西方、先进地区与落后地区、发达国家与发展中国家……都在其相互作用中以自身表现着对方的否定方面。

值得注意的是，在异体态矛盾中，异体共时的两极相互否定是指彼此属性、状态、趋势的正相反对，而异体历时的两极的相互否定还包含一个特殊的内容，即现实态的一极以自身否定着对极的现实存在，一极是现实的，另一极则是潜在的，现实正是潜在的否定方面，反之亦然。

(三)异体态矛盾两极的相互排斥

异体态矛盾中两极的异体存在，表明其间的相互排斥会采取在空间上保持一定距离以致在一定限度内疏远和远离的形式。孟子认为，臣的职能是进谏，作为异姓之卿，“君有过则谏，反复之而不听，则去”(《孟子·万章下》。如异姓之臣贤如伊尹，也可以用放逐君主的办法给予教育，改正错误之后再致君位。(参见《孟子·尽心上》)这里无论是臣的“去”还是君的“放”，都是君臣相互排斥的一种空间形式。

而异体态矛盾中异体历时并存两极的相互排斥，还会以在时间上“不兼时而至”的形式表现出来，两极不仅在空间上异体，而且在时间上分离，两极的相互排斥综合表现为在四维时空中时空距离的保持与一定限度内的疏离。这是异体历时态矛盾两极相互排斥的一种特殊形式。

异体态矛盾两极相互排斥的最主要形式，是两极在各自性质和地位保持上的排他性。这与其他典型的矛盾存在形态有相似之处。中国古代的法家非常重视“分”，即名位和职分，认为“明分任职则治而不乱，明而不蔽矣”。《管子·乘马》就提出，“圣人之所以为圣人者，善分民也。圣人不能分民，则犹百姓也”。《管子·明法解》提出，“审于分职”是明君的标志之一。《管子·七臣七主》又提出，“不明分职，上下相干，臣主同”，则为“劳主”；不信臣下，“尽自治其事”，揽事而昏庸，称为“芒主”，即广主。法家还非常重视“势”，认为君主持势贵独。“法令者，君臣之所共立也；权势者，人主之所独守也……罪决于吏则治，权断于主则威”（《管子·七臣七主》），“君臣共道则乱”（《管子·明法》）。法家的“分”“势”思想，正体现了君臣关系中各自性质和地位保持上的排他性，而两极的这种相互排斥又恰恰是矛盾正常运行的必要条件之一。

（四）异体态矛盾两极的相互斗争

由于异体态矛盾包括异体共时和异体历时两种形态，所以异体态矛盾两极的相互斗争就在两极异体存在的前提下兼有共时态矛盾与历时态矛盾的特点。

异体共时态矛盾两极的相互斗争，表现为异体的两极在共时的交接中，各以一定的方式来限制、改造以至于消杀、克服对方，以维护各自的存在，改善各自的存在状况。由于矛盾性质和具体情况的多样性，其斗争方式也是多样的、复杂的。晏婴与楚王唇枪舌剑，是斗争；陈涉、吴广在大泽乡揭竿而起，反抗秦的暴政，也是斗争；“君有过则谏”，是斗争；两军阵前激战同样是斗争。斗争的结果或是维持某种平衡，或是打破旧的秩序，形成矛盾运动的新形式，或是保持常态的发展，或是创造矛盾运动的新局面。

异体历时态矛盾两极的相互斗争，则表现为潜在一极在现实态一极内部的潜滋暗长以及两极在一定条件下潜现的替代转换，而且，不仅是两极的内容，包括两极的空间形态或载体都发生替代转换。

总之，异体态矛盾两极相互斗争的方式多种多样。显然，两极的异体分布使其在斗争方式的选择上较之同体的两极有更大的自由度，这是异体态矛盾两极相互斗争的方式多样化的一个重要因素。我们应该依据矛盾的性质、发展阶段及其具体状况对这种斗争方式做具体的分析。有些内容，如异体共时态与异体历时态矛盾两极的相互斗争情况，可以作为共时态与历时态矛盾的特例（参见第二、三章的有关分析），因此不再赘述。但有一点可以肯定，即在异体态矛盾中，两极的相互斗争对矛盾的发展和解决起着极其重要的推动作用，无论是矛盾的暂时解决（维持某种平衡，保持常态发展）还是矛盾的彻底解决（打破原对立统一关系，建立新的对立统一关系），归根到底是斗争解决问题，这与其他矛盾存在形态并没有两样。当然，我们在肯定斗争的这种重要作用的时候，不应该将其绝对化，更不能由此忽视同一性在矛盾发展中的积极作用。

二、异体态矛盾的同一性

与对立性的具体表现相对应，异体态矛盾的同一性也有一系列的具体表现。

（一）异体态矛盾两极的相互联系

异体态矛盾的两极既相互区别，又相互联系。其相互区别中的几种情况，规定了其相互联系也有不同的表现：

1. 两极自始至终作为各具独立形体，而且各有其完整的现实规定性的对立面间接统一，两极互为中介，结成矛盾统一体。晏子使楚，晏婴作为齐国的使者，先与楚国的傧者，后与楚王，分别构成矛盾关系，其间的联系就表现为这种间接的统一。

2. 两极虽自始至终各具独立形体，但在矛盾萌生时尚不具备作为对立面的完整的现实规定性，二者作为具有内在差异的双方直接同一。佣耕时的陈涉虽有日后成王的内在因素，但还不是现实的王，因而在当时与其他佣耕者还是直接同一的。只是随着矛盾关系的确立和发展，两极具有了作为对立面的完整的现实规定性，二者之间的联系才发展为间接的统一。陈涉称王后与下属之间的联系就是这种间接的统一。

3. 两极虽无独立的空间形态，但依附于不同的载体，自始至终作为各具完整现实规定性的对立面而间接统一。在反侵略战争中，侵略与反侵略作为依附于战争双方的相互对立的属性，其间的联系就表现为这种间接的统一。

4. 在异体历时态矛盾中，由于两极“不兼时而至”，从静态来看，潜在的一极被包含于现实态的一极之中，二者直接合一；从动态来看，两极作为异体而具有完整现实规定性的对立面，在四维时空中间接统一。

（二）异体态矛盾两极的相互依存

在异体态矛盾中，两极彼此作为对立面互为存在的前提和条件，失去任何一方，对方也就不再成其为对立面。其具体表现为：

1. 两极互为媒介。两极正因其相互否定，每一极都以自身表现着对极的否定方面，所以，每一极都可以通过对极反观自身。在矛盾运动中，两极互为对方提供对象和实现手段，也通过对方而确证自己、实现自己。晏子使楚，晏婴通过楚王确证自己齐国使者的身份，表现了自身的机智，维护了作为使者的尊严；楚王通过晏婴确证自己为楚国之君，同时表现出自身的傲慢，反取其辱。

2. 两极相互创造、相互规定。霭理士讲过，男女之间，在相当限度以内，女子之所以为女子，或女性形式的演变，多少总要受男子选择标准的影响，而为所陶冶；男子之所以为男子，或男性形式的演变，也不免同样地要适应女子的理想。[①] 中国古代思想家在研究君民关系时，法家提出，人主利天下而身贵显，害天下而身困伤。儒家也提出，乐民之乐者，民亦乐其乐；忧民之忧者，民亦忧其忧。这都生动地体现出异体态矛盾的两极不仅正相反对，而且相互创造对方，规定对方。

3. 两极相互保证、相互促进。矛盾两极正因其有相互否定的一面，所以二者结成矛盾统一体后，既有需要也有可能互补，体现出相互保证、相互促进的另一面。在纺织业的发展过程中，织布机与纺纱机的进步就说明了这一点。1733 年，英国兰开夏工人发明飞梭，1760 年在全英推广，大大提高了织布效率。纺线跟不上织布，由此推动人们去研究高效纺车。很快，1764 年，哈格里沃斯发明了效率能提高 8 倍的珍妮纺车；1768 年，阿克赖特发明水力纺纱机。工人克隆普顿综合已有纺纱机的发明，设计成功 300～400 纱锭、效率高、质量好的纺纱机。纺纱上去了，织布又落后了，由此又促进实现了蒸汽机带动织布机。矛盾的双方就是这样既互相需要对方的保证，又互相推动对方的发展。

---

① [英]霭理士著，潘光旦译注：《性心理学》，生活·读书·新知三联书店 1987 年版，第 40 页。

(三)异体态矛盾两极的相互贯通

这里包括两极的相互渗透和相互转化两种情形。

1. 两极的相互渗透。对异体历时存在的两极来说,其相互渗透直接表现为彼此的相互包含,即现实态的一极包含着潜在的一极,潜在的一极即存在于现实态的一极之中。

对异体共时存在的两极来说,相互渗透意味着它们不仅相互排斥,而且要彼此进行物质、能量、信息的交换。人在改造自然界的实践活动中,一方面不断地把自身的本质力量对象化,形成人化自然;另一方面也要不断地从自然界摄取自身所需要的要素,以维持自身的存在和发展。地区之间也是如此。我国的中西部地区在当前一方面要抓住东部沿海地区调整产品结构的时机,引进资金、设备、人才,另一方面也要正确对待别人来赚钱和资源外流的问题,这是一种双向的交流、彼此的渗透,只有在这种相互作用中双方才能得到更好的发展。现代化的发展过程,也是经济和社会结构不断调整的过程,随着地区之间的不平衡发展,各种要素流通的逐步加快便成为必然的现象。国与国之间也是如此。所以,现代化建设中的对外、对内开放是十分必要的。当然,在相互渗透中,任何一方都要选择吸收有利于自身存在和发展的要素,而抵制、拒斥那些不利的东西,这也是十分自然的。

2. 两极在一定条件下的相互转化。对异体的两极来说,这主要是指双方的性质、地位和存在形态的转化。本章第一节曾讲到,中国的兵家和法家都重视势,也都看到了势并不是固定不变的,而是流动变化的。在兵家看来,战争中究竟哪一方能求得“如转圆石于千仞之山者”这种势,取决于一定的条件;随着条件的变化,交战双方的势也会发生转化。法家也指出,“人君失势则臣制之矣”,指出了君臣易位的可能性。此外,儒家的孟子与齐宣王有这样一段对话,孟子认为臣的职能是进谏,而作为贵戚之卿,“君有大过则谏,反复之而不听,则易位”。“王勃然变乎色。”孟子曰:“王勿异也。王问臣,臣不敢不以正对。”(《孟子·万章下》)在孟子看来,在一定条件下君臣的易位乃是正常的事情。

毛泽东在《论持久战》中,曾特别强调主观指导的正确与否会影响到战争双方优势劣势和主动被动的变化。他列举了中外历史上许多强大之军打败仗、弱小之军打胜仗的历史事实,如中国的晋楚城濮之战、楚汉成皋之战、韩信破赵之战、新汉昆阳之战、袁曹官渡之战、吴魏赤壁之战、吴蜀彝陵之战、秦晋淝水之战等,外国如拿破仑的多数战役、十月革命后的苏联内战等,都是在以少击众、以劣势对优势的情况下,先以自己局部的优势和主动对敌人局部的劣势和被动,一战而胜,再及其余,各个击破,全局因而转成了优势,转成了主动;而原占优势和主动之敌则反之,由于其主观错误和内部矛盾,完全丧失其很好的或较好的优势和主动地位,化为败军之将,亡国之君。由此,他指出:“战争力量的优劣本身,固然是决定主动或被动的客观基础,但还不是主动或被动的现实事物,必待经过斗争,经过主观能力的竞赛,方才出现事实上的主动或被动。”[①]毛泽东在这里不仅指出了战争双方的优势劣势、主动被动在一定条件下的相互转化,而且指出战争双方的斗争、双方主观能力的竞赛,正是这种转化的必要条件,从而揭示了矛盾双方的相互转化与相互斗争之间的内在联系。

对异体历时态矛盾来讲,其两极的相互转化不仅包含性质和地位的转化,而且主要地表现为两极潜、现存在形态的转化。

① 《毛泽东选集》第二卷,人民出版社 1991 年版,第 491 页。

第三节　结合与分离竞势
——异体态矛盾的主要运动形式

异体态矛盾的运动，是异体分布的两极相互作用的过程。在这个过程中，一方面，异体的两极只有以一定的方式结合起来，才能形成对立统一关系，实现并展开矛盾的运动；另一方面，异体分布的两极在运动中却又随时随地有相互摆脱对方，从外在的空间形态的分离转为内在的本质关系上的分离的可能。两极的结合与分离作为针锋相对的两种倾向，互不相让，争相占据矛盾运动的主导地位，使矛盾的运动一波三折，展现出复杂的态势。这样两种倾向的竞势，贯穿矛盾运动的全过程，构成异体态矛盾的主要运动形式。马克思说过："商品的交换过程，包含着互相矛盾和互相排斥的关系。商品的发展没有扬弃这些矛盾，但是为这些矛盾创造了运动的形式。现实的矛盾，一般都是通过这个方法来得到解决。例如，一物不断向另一物落下，又不断从该物飞开，是一个矛盾。椭圆便是这个矛盾得到实现和解决的运动形式之一。"①从矛盾存在形态的角度来看，商品交换与"一物不断向另一物落下，又不断从该物飞开"一样，都是异体态矛盾的运动。而后者正形象生动地说明了异体分布两极结合与分离倾向的竞相争势恰恰是这种矛盾"运动的形式"，椭圆作为这两种倾向难分伯仲、相对平衡的一种表现，是矛

① 马克思著，郭大力、王亚南译：《资本论》第一卷，人民出版社 1963 年版，第 82—83 页。

盾得到实现和解决的“运动形式之一”。

要认识和把握异体态矛盾运动的这种形式，就不能不研究异体分布的两极结合与分离的动因、方式以及这两种倾向竞争的不同态势所造成的矛盾发展的不同趋势。

一、异体两极结合与分离的动因

异体两极结合的动因，在于其同一性。它们作为异体而正相反对的对立面，只有实现结合，才能互为媒介，彼此确证自己的存在和本质，也才能产生互补的整体效应，促进各自的发展和变化。劳动者与劳动资料的结合，在于劳动者只有实现这种结合，才能现实地进入劳动过程，创造物质财富，满足自身存在和发展的需要；而劳动资料也只有实现这种结合，才能发挥自身的效用，实现自身的价值。“机器不在劳动过程中服务就没有用。不仅如此，它还会由于自然界物质变换的破坏作用而解体。铁会生锈，木会腐朽。纱不用来织或编，会成为废棉。活劳动必须抓住这些东西，使它们由死复生，使它们从仅仅是可能的使用价值变为现实的和起作用的使用价值。”[①]也只有在这种结合中，劳动者才能不断提高自身的素质，劳动资料也才能不断地更新换代。作家与读者的结合，在于作家只有实现这种结合，才能使自己的作品得到社会承认；而读者也只有实现这种结合，才能使自己的精神需求得到满足。没有这种结合，就不会有作家，也无所谓读者，当然也就不会有作家与读者品位的提高。

① 马克思、恩格斯著，中共中央马克思恩格斯列宁斯大林著作编译局译：《马克思恩格斯全集》第二十三卷，人民出版社 1972 年版，第 207—208 页。

由于矛盾性质和具体状况的复杂性，尽管异体的两级都能通过结合互为媒介，彼此确证自己的存在和本质，但并不是所有异体的两极都能通过结合共同发生向上的有利于自身的变化，也不是每个具体的异体态矛盾的两极通过结合自始至终都能发生积极的变化。帝国主义用炮舰强制殖民地与其“结合”，帝国主义得到了利益，殖民地却饱受掠夺和屈辱；帝国主义在搜刮殖民地的基础上发达起来，殖民地却在帝国主义的压迫和剥削下陷于落后的状态。这是两极发生逆向变化的情况。还有两极在矛盾发展的不同阶段发生方向迥异变化的情况。人与自然环境的结合，当人只一味向大自然索取，而不注意环境保护的时候，会破坏自然环境，也终将殃及自身；而当人注意与大自然的和谐相处，采取措施保护环境的时候，自然环境会得到改善，人也将提高生存质量。中国记者访问奥地利，到位于维也纳城外的自动化污水处理厂采访，该厂每天收纳 150 万人居住的维也纳城全部的污水和部分垃圾。记者看到，混浊的污水经过处理变得如泉水一般清澈，污水处理后的清水池畔，青草丛丛，鲜花开放，水中鱼儿在游，青蛙在跳跃。陪同参观的该厂负责人告诉记者，这座现代化污水处理厂，不仅保证了维也纳的清洁无污染，而且污水中的浮物和垃圾通过自动化炉燃烧掉，每天可发电发热，相当于节约 30 吨煤炭。显然，维也纳这座古老的城市，正是靠人们的环境意识和科技高度发展所带来的惠泽，变得更加清爽宜人。①

异体两极分离的动因，在于其对立性。它们作为异体而正相反对的对立面，互相区别，互相否定，互相排斥，互相斗争，这使它们之间不仅互相保持一定的时空距离，而且存在互相远离的倾向，这种倾向发展

① 参见《光明日报》1994 年 10 月 21 日，第 7 版，《访奥见闻之一》。

到极端，就会造成两极内在本质关系的分离。在劳动生产过程中，不仅异体共时的劳动者与劳动资料之间存在这种分离的倾向，而且异体历时的相应工序之间也存在这种倾向，一旦相应工序之间不能顺利转化和衔接，这种分离就成为现实。作家和读者之间，作家有可能脱离读者，读者也有可能疏离作家。至于帝国主义和殖民地之间，由于其矛盾的对抗性质，这种分离的倾向就更加强烈，第二次世界大战以后民族解放斗争如火如荼，殖民地纷纷独立的事实就雄辩地说明了这一点。

二、异体两极结合与分离的方式

异体两极的结合与分离都要通过一定的方式才能实现，其结合的方式具有多样性。从两极在结合中是否直接接触来看，有直接方式和间接方式之分。劳动者与生产资料在劳动过程中的结合就是通过直接接触实现的。劳动作为有目的的生产活动，“纺，织，锻冶，会由单纯的接触，把生产资料从死态中唤醒，使它们变为劳动过程的要素，并且和它们结合，以形成产品”①。这是一种直接结合。反之，若异体两极不能直接接触，它们的结合就是一种间接结合。如分属于各具独立空间形态的不同事物的相互对立的属性、状态、趋势等，作为异体的两极，其本身并无独立的形体，只能通过各自载体的相互作用才能结合，它们的结合就属于间接的结合。

从两极结合的时间形式来看，有共时方式和历时方式之分。劳动者与劳动资料的结合必须是共时的，非如此则不能形成现实的劳动过程。而劳动过程中原先由同一主体在同一空间来完成的先后相续的各

① 马克思著，郭大力、王亚南译：《资本论》第一卷，人民出版社 1963 年版，第 197 页。

道工序，在分工的条件下变为由不同的主体在不同的空间来完成，于是，相互衔接的相应工序作为异体的两极，它们之间的结合既可以取历时形式，也可以取共时形式，从而大大提高了劳动效率。

从两极结合中是否有人的自觉能动性发挥作用来看，有自发方式和自觉方式之分。著名物理学家、诺贝尔物理学奖获得者理查德·费曼曾说："如果有一天可以按人的意志安排一个个原子，那将会产生怎样的奇迹？"这在当时只是一个美丽的梦想。也就是说，当时原子之间的组合、结合还只是一个自发的过程。而今天，纳米科学技术的诞生将使这一美梦成真。纳米技术是一门在 0.1～100 纳米尺度空间内，研究电子、原子和分子运动规律和特性的高技术学科，其最终目标是人类按照自己的意志直接操纵单个原子，制造具有特定功能的产品。也就是说，原子之间的组合、结合将纳入人的自觉活动的领域，按人所设计的方式来进行。

从两极结合中是否有强制因素来看，又有强制方式和非强制方式之分。帝国主义与殖民地的关系，是帝国主义用炮舰强加到殖民地头上的；侵略者和被侵略者的关系，是侵略者强加到被侵略者头上的；而世界各国在和平共处五项原则基础上发展的友好关系，则是在彼此尊重对方意愿的基础上建立起来的。

从两极在结合中的地位来看，还有并列方式和主从方式之分。中国封建社会讲君为臣纲、父为子纲、夫为妻纲，君臣、父子、夫妻之间是一种主从结合方式。社会主义社会所有公民一律平等，是一种并列结合方式。

从两极结合的程度来看，还可以有紧密结合方式与松散结合方式的区分。科学与技术，在 19 世纪中叶以前，虽然也相互联系、相互影响，但二者各有自己独特的文化传统，各自独立发挥社会作用，科学回答“是什么”“为什么”，技术回答“做什么”“怎么做”，在发展中往往相互脱节，彼此之间可以看作一种松散的结合。而在现代，科学与技术的关系已密不可分。现代的技术完全是建立在科学理论的基础之上，现代科学也装备了复杂的技术设施。科学技术化和技术科学化成为现代科学技术的鲜明特征。这可以看作一种紧密的结合。

异体态矛盾两极结合的任何一种方式都是历史的、具体的，而不是僵死的、抽象的。马克思说过：“不论生产的社会形式如何，劳动者和生产资料始终是生产的因素。但是，二者在彼此分离的情况下只在可能性上是生产因素。凡要进行生产，就必须使它们结合起来。实行这种结合的特殊方式和方法，使社会结构区分为各个不同的经济时期。”[①]这就告诉我们，对结合方式的研究，必须有历史的眼光，对具体情况做具体分析。

异体两极分离的方式也是多种多样的。这里讲的分离是指异体两极由外在的空间形态的分离转为内在的本质关系的分离，即对立统一关系的消解。从两极分离是否由两极直接脱离接触而造成来看，有直接方式与间接方式之分。在空间探索事业中，人类成功发射的一些空间探测器由于逐渐远离地球，而最终失去与地球的联系，就属于直接分离方式。而当异体两极自身并无独立形体，只是由于各自载体的变化而造成两极的分离时，那就是一种间接分离方式。

从两极分离中是否有人的自觉能动性发挥作用来看，有自发方式

---

① 马克思、恩格斯著，中共中央马克思恩格斯列宁斯大林著作编译局译：《马克思恩格斯全集》第二十四卷，人民出版社 1972 年版，第 44 页。

与自觉方式之分。殖民地通过民族解放斗争最终摆脱帝国主义的奴役和控制，就是自觉的分离。

从两极分离是否有强制因素来看，又有强制方式和非强制方式之分。夫妻经由法院判决的离婚与协议离婚就是这样两种不同的方式。

从两极分离中矛盾双方各自存在形态的变化来看，又有双方远离、一方消失、同归于尽等方式之别。双方远离，是指双方仍然存在，但因疏远而脱离。如地球与失去联系的空间探测器。一方消失，则指原异体共时并存的双方，由于一方不再存在而造成双方的分离。鳏夫即由此形成。这与异体历时并存两极现实态的替代转换不同，那种替代转换只意味着两极现实态在时间形式上的分离，并不意味着二者在内在本质关系上的分离，恰恰相反，正是经由这种替代转换，两极现实态在四维时空中才确立了完整的对立统一关系。至于同归于尽，则是指异体两极都归于消灭，其间的关系自然也不再存在。如奴隶与奴隶主阶级在奴隶社会崩溃的过程中同时走完了各自的历程，其间的关系自然消解。

从以上分析已经可以看出，异体态矛盾两极分离的方式也是历史的、具体的，依矛盾性质和状况的区别而有所不同，同样需要做历史的、具体的分析和研究。

三、异体两极结合与分离的过程与矛盾的发展趋势

异体两极的结合与分离作为针锋相对的两种倾向，各自都有其酝酿、实现和展开的过程，二者既各有特点又相互制约，在竞相争势中消长升降，其势位差直接影响着矛盾的发展趋势。

异体两极结合的酝酿意味着矛盾的萌发。对异体共时并存的两极

来说，这是一个相互选择的过程。良禽择木而栖，生物与环境之间的相互选择是十分严格的。刘备三顾茅庐，则是君臣相互选择的过程，君求贤臣，臣择明主，这是实现两极结合的必经阶段。而这种结合的酝酿，从一开始就受到分离倾向的抵制，随时有消解的可能。当两极通过相互选择，结合的倾向占了优势，才会有结合的实现和矛盾的确立。而对异体历时并存的两极来说，这是现实态一极所包含的生发出自己的对立面的潜能中的多种可能性受到筛选的过程，随着内外条件的确定，某一种可能性变为现实，就排除了其他可能性，两极现实态经过替代转换的环节在四维时空中实现结合，确立起矛盾的完整形态。矛盾从萌生到确立，对实现了初步结合的两极来说，显然是结合倾向占了上风；但从对其他选择对象、其他可能性的排除来讲，则是分离倾向占优势的结果。当然，在已经结合的两极之间，分离倾向依然存在，仍在起作用。

矛盾确立之后，异体两极的结合已经初步实现，但作为一种不断发展的倾向它还要求继续完善和展开。这就需要已经实现结合的两极不断地进行相互的调整和适应。这种调整和适应会由于矛盾的性质和状况不同而受到分离倾向不同程度的抵制和干扰，从而出现复杂的情况。一般来说，在非对抗性矛盾中，结合的倾向在与分离倾向竞势中经常地占有上位，因而两极相互的调整和适应会比较顺利，从而使相互的结合更加紧密，彼此互相促进、互相贯通的一面会得到比较充分的展现，比较容易产生互补性的整体效应，有的甚至由相互的渗透而趋向相互的融合。当代科学与技术的综合化发展趋势就说明了这一点。在一定程度上，科学正在变成技术。越是新技术，包含的科学知识越密集。而科学的进步也越来越依赖最新的复杂技术装备的支持。科学与技术之间的界限变得越来越模糊不清，具有了融合的性质。在当代科学技术综合发展的趋势下，技术的发展也具有了一体化的特点，如机械技术和电子技术结合而产生的机电一体化等。

而在对抗性矛盾中，则是分离的倾向在与结合倾向竞势中经常占有上位，从而使两极相互的调整和适应遇到较大的干扰和阻力，两极之间互相对立、互相排斥的一面表现得比较突出，经常地出现摩擦和冲突，有的甚至发生激烈的对抗，从而导致矛盾双方远离，或是一方被吃掉、被克服，或是双方同归于尽，矛盾双方彻底实现内在本质关系的分离，矛盾消解。

当然，这并不是说非对抗性矛盾中就没有分离倾向占上风的情况，对抗性矛盾中就没有结合倾向的地位。事实上，在任何矛盾中，由于内外条件的作用，这两种倾向在竞势中都有交替升降的情况，从而使矛盾出现曲折的发展。直线发展的事情是没有的。况且，矛盾的对抗性与非对抗性在一定条件下还可以相互转化。所以，我们应该把事情看得复杂一点，不能简单化。对每一个具体矛盾中两极结合与分离的过程以及这两种倾向竞势所造成的矛盾的不同发展趋势，都要具体地认识和分析，不仅要把握其一般的情况和总体的趋势，而且要把握其发展过程中每一阶段的具体情况及发生的每一个曲折。

而且，进行这种认识和分析，还不能忽视外部条件的影响和作用。一支军队的内部关系本来是非对抗性的，应该由结合的倾向占上位，但是，如果对敌方的破坏作用不能有效地化解，那么也可能出现“前后不相及，众寡不相恃，贵贱不相救，上下不相收，卒离而不集，兵合而不齐”的局面。而当代自然科学和技术与人文社会科学相结合的趋势，则是与当代社会历史客观进程的需要分不开的。当代任何重大的科学技术问题、经济问题、社会发展问题和环境问题等所具有的高度的综合性质，不仅要求自然科学与技术和社会科学的各主要部门进行多方面的广泛合作，综合运用多学科的知识和方法，而且要求把自然科学、技术和人文社会科学知识结合成为一个创造性的综合体。可见外部条件的影响和作用是不能低估和忽视的。

四、研究结合与分离竞势运动形式的实践意义

异体态矛盾存在的普遍性，决定了对异体态矛盾的认识和处理是人们在社会实践中所不得不面对和解决的重要课题。对结合与分离竞势这种运动形式的研究告诉我们，在认识和处理异体态矛盾时必须注意以下两点：

第一，异体两极的结合与分离作为针锋相对的两种倾向都贯穿于矛盾过程的始终，这是由于二者的动因，即矛盾的同一性和对立性始终存在、不可分离导致的。尽管两种倾向在竞势中会产生势位的差别，有主次之别，但这种差别不是固定的，而是时时都在发生程度不同的变化，二者的势差有可能在原方向上拉大，也有可能发生逆向的转化。因此，我们在任何时候，都不能只看到一种倾向而忽视另一种倾向，都不能凝固地看待二者的势差，而应该全面地把握这两种倾向及其动态的竞势过程，这样我们才能准确地把握矛盾运动各个阶段及其全过程的特点和发展趋势。中国革命史上，国共两党之间有过第一次国内革命战争时期的合作；后来由于蒋介石集团背叛革命，两党之间曾有十年兵戎相见；抗日战争爆发，中国共产党提出建立抗日民族统一战线的主张，促成了两党的联合抗日；抗日战争胜利，蒋介石集团又挑起全面内战，遂有后来的解放战争。在国共两党之间这段长达半个多世纪的历史中，结合与分离作为针锋相对的两种倾向不仅始终存在，而且在彼此

竞势中起伏升降，形成了生动的历史画面，直接影响着中国历史的进程。能否对这两种倾向及其在竞势中的势差变化做全面准确的分析和把握，关系到党的路线、方针、政策的制定，关系到革命事业的成败。对此，我们党有正反两方面的经验教训。

第二，异体态矛盾的性质和状况极其复杂，其两极结合与分离的方式也多种多样。我们在认识和处理各种具体的异体态矛盾时，要在准确认识矛盾性质和状况的基础上，尊重矛盾本身发展的客观规律，依据主体自身存在和发展的需要，采用最有利的方式，对矛盾运动进行必要而有效的调控，或是促成两极结合的实现，促进结合的完善和展开，抑制分离的倾向；或是促成两极分离的实现，瓦解两极的结合。

1994 年 10 月 20 日，在中华人民共和国成立以来国务院召开的第一次全国性社会发展工作会议上，邹家华同志代表国务院做了题为《提高认识、加强领导，大力推进社会发展与进步》的报告，指出我国社会发展取得巨大成就的经验之一，就是坚持了政府主导和广大群众积极参与相结合的方针。[①] 这是根据社会实践的需要，自觉推进两极结合的实现和完善的一个范例。一方面，全党全社会的高度重视，广大群众的积极参与，是社会发展必不可少的群众基础；另一方面，也只有各级政府加强领导，才能集中群众的智慧和力量，把社会发展推向新阶段。两个方面的紧密结合，乃是搞好社会发展工作的根本保证。

在“罗马俱乐部”著名的研究报告《增长的极限》中，人类对资源需求的迅猛增长与可利用资源的极限之间的尖锐矛盾被郑重地提到了人们面前。许多不可再生的资源的数量似乎都不足以应付需求。按现在

① 参见《光明日报》1994 年 10 月 21 日，第 1 版。

的发展速度,银、锡和铀到 20 世纪末即使按更高的价格也可能供应不足。如果按现在的消费率继续下去,到 2050 年,许多矿物可能耗尽。我们已经知道,异体态矛盾中一极的消失是两极分离的方式之一。一旦不可再生的资源枯竭,人作为开发和利用这些资源的主体地位也不复存在。如果没有足够的新资源被开发出来,人类将陷于空前的窘境,甚至会危及自身的生存。尽管人们对"罗马俱乐部"在这篇报告中的某些悲观论点有不同看法,但问题本身的严峻性已经引起了普遍的注意。当前人们控制人口增长,控制消费需求,保护自然资源以及开发新资源的种种努力,表明人们正在自觉抑制人与自然资源的分离倾向,保持二者的结合,改善结合的状况。

第六章　对矛盾的再理解

从研究方向上来说，从第一章到第五章，我们是以对辩证矛盾的共性的、普遍性的认识为指导，具体地研究了辩证矛盾的诸种存在形态及其特性，特别是探讨了共时、历时、同体、异体等典型存在形态的两极的内容和特点，对立性与同一性的具体表现以及各自的主要运动形式等，从而对矛盾存在形态的多样性和复杂性有了一定的认识。现在，我们可以回过头来，对研讨的内容进行一下必要的归纳，在这个基础上，对辩证矛盾重新做一番理解。

第一节　两极的多样性和确定性

通过对辩证矛盾存在形态的研究，我们可以确认，辩证矛盾的两极具有多样性，又具有确定性。

辩证矛盾两极的多样性，是指两极时空分布形式的多样性和两极具体内容的多样性。

我们已经知道，两极的时空分布，从时间角度而言有共时和历时之别，从空间角度又有同体和异体之分，从四维时空来看还有同体共时、同体历时、异体共时、异体历时等不同情况。而且，这还只是两极典型的时空分布形式。在实际矛盾中，由于矛盾情况的极其复杂，有些矛盾在发展过程中其两极往往会兼具不同的时空分布形式，在某一阶段具有历时分布的特点，到另一阶段又具有共时分布的特征；或在某一阶段为同体，到另一阶段又成为异体等。由此，我们对辩证矛盾两极的时空分布形式就应该有一个如实的、比较全面的认识，不能再狭隘地认为辩证矛盾的两极只能有某一种或某几种时空分布形式，而人为地排除其他时空分布形式；或者反过来说，不能认为其他时空分布形式中的两极之间就不能构成具体的现实的矛盾。承认两极时空分布形式的多样性，是正确认识辩证矛盾的一个必要前提。

我们的研究还告诉我们，处于不同时空分布形式中的两极都有着极其丰富的内容，也有着各自的特点。

在对共时态矛盾两极的分析中，我们引述了中国和西欧历代先哲的有关思想和观点，从中可以看到，共时并存的两极很早就引起了人们的注意，并在中外哲学史中得到了不同形式、不同程度的反映，其内容涉及自然、社会等各个领域，以及天文、地理、经济、军事、文化等各个方面。我们已经指出，共时态矛盾的两极作为普遍联系中横向联结的两端，其内容不仅涉及事物与事物，而且涉及事物的整体与部分、要素与要素以及事物的各种规定性，如结构与功能以及相互对立的属性等。由于世界上任何领域的任何事物都处在世界普遍联系之网中，它们在发展中都无可避免地要在其内部，并与外部环境发生横向联结的关系，这一点既决定了共时态矛盾两极存在的普遍性，也决定了其内容的多样性。此外，相对历时态矛盾的两极而言，共时态矛盾两极的特点，在于它们可以具有纵向演进系列的跨越性，即它们可以是不同的纵向演进系列之间共时并存的两个环节。

对历时态矛盾两极的分析，我们也引用了中国和西欧哲学史中的有关资料，说明历时并存的两极同样很早就纳入了人们的视野，其内容也涉及广泛的领域和方面。我们特别讲到，马克思主义哲学批判地继承了人类关于矛盾认识的成果，对共时态和历时态矛盾都做了科学分析，毛泽东还分别将它们概括为横的联结与纵的联结，指出它们都是内的联结。正是依据这些科学分析，我们认为，由于世间的一切事物都是运动发展的，而"一切发展，不管其内容如何，都可以看作一系列不同的发展阶段，它们以一个否定另一个的方式彼此联系着"，所以，历时态矛盾两极的存在也是普遍的，其内容也必是多样的。而且，历时态矛盾的两极作为普遍联系中纵向联结的两端，也具有自身的特点。首先，它们具有严格的系列依循性，即它们必是同一纵向演进系列中先后相继的两个环节；其次，它们还具有对称性，即它们以地位的对等、质上的正相反对以及部分地量的守恒，通过转化的枢纽在四维时空中相互对称。

对同体态矛盾，我们从六个方面分析了其两极的内容，包括同一事物正相反对的不同侧面、不同状态、不同属性，同一事物的结构与功能、功能的二重性、局部与整体以及同一事物内部在空间形态上不能截然两分，彼此联通为一个整体的不同要素等。引证材料的内容，涉及天、地、人以及医学、军事、经济、政治、思想、文化、科学、教育、党务等各个领域、各个方面。我们指出，任何事物，任何事物的任何发展阶段，都会存在该事物的不同侧面、不同状态、不同属性以及结构与功能、局部与整体等之间的矛盾，因此，同体态矛盾两极的存在是普遍的，其内容当然也是多样的。同体态矛盾两极的特点，在于它们必处于同一事物内部，并具备下述条件：或者，两极本身并无独立的空间形态，只能依附于共同的载体；或者，两极本身一为有形，一为无形，无形的依附于有形的而存在；或者，两极虽各具形体，却紧密联系，在空间形态上互相联通，形成不可分割的统一整体；或者，两极虽各具形体，却是包含与被包含的关系。

对异体态矛盾的两极，我们也从六个方面分析了其内容，包括同一事物内部各具独立空间形态的不同要素，以及各自具有独立空间形态的不同事物，分属于各具独立空间形态的不同事物的相互对立的要素、属性、状态、态势、趋势等。引证的材料，从自然界中原子的原子核与电子，到社会中企业的各职能部门与生产车间，军队中的各兵种、各方面军；从人与自然，到国与国、社会集团与社会集团、人与人，以及信源与信宿；从田忌赛马，到现代战争、国际交往；从分属于不同事物的相互对立的柔与刚、强与弱、众与寡等不同特性，到军队的正义之师与非正义之师的区分；从分属于不同主体的动与静、逸与劳等不同状态，以及势位的差别，到当代不同国家、地区的贫与富、发达与不发达的区分；从中日战争中双方的不同趋势，到当代新、老工业的不同走向等，涉及广泛的领域和方面。我们已经指出，且不说同一事物内部的矛盾情况，即使从事物之间来说，任何事物，任何事物的任何发展阶段，都会与其他事物发生这样那样的矛盾关系，在这种矛盾关系中，两极或各有其独立的空间形态，或依附于不同的空间载体，从空间分布来讲都是异体的。在这个意义上，应该说异体态矛盾两极的存在是普遍的，其内容是多样的。异体态矛盾两极自身的特点表现在三个方面，一是两极既有处于同一事物内部的情况，也有处于不同事物之中的情况；二是两极既有各具独立空间形态的情况，也有本身不具独立空间形态而依附于不同空间载体的情况；三是两极在其空间形态或载体上，可以是一体对一体，也可以是一体对多体，或多体对多体。这使异体态矛盾的两极与同体态矛盾的两极有了明显的区分。

通过对共时、历时、同体、异体等典型的矛盾存在形态两极的分析，我们可以发现，辩证矛盾的两极是一个包含着何等丰富内涵的概念！它们的确是存在于一切事物之中，并存在于每一事物发展过程的始终，其内容丰富多彩、无所不包。这样，我们在把握辩证矛盾时，对辩证矛盾两极的内容无疑也应该有一个如实的、全面的认识，而不能人为地局限于狭小的范围。

在研究中，我们还印证了这样一点，即辩证矛盾的两极不仅具有多样性，而且具有不可移易的确定性，那就是它们不管处在什么样的时空分布形式中，也不论具体内容如何，都必须是以事物的某种性质为共有尺度而正相反对的两个方面。在对不同存在形态矛盾的研讨中，我们都强调指出了这一点。这也就是黑格尔所讲的："在对立中，有差别之物并不是一般的他物，而是与它正相反对的他物；这就是说，每一方只有在它与另一方的联系中才能获得它自己的〔本质〕规定，此一方只有反映另一方，才能反映自己。另一方也是如此；所以，每一方都是它自己的对方的对方。"①他还讲过："主观性是客观性的对方，不是一张纸的对方——如果是后一种情形，那就完全是无意义的事；它必须是它的对方，而在这当中恰恰有着它们的同一性：这样，每一个都是对方的对

① ［德］黑格尔著，贺麟译：《小逻辑》，商务印书馆 1980 年版，第 254—255 页。

方,也就是它的对方的对方。”[①]辩证矛盾两极的这种确定性说明,虽然两极在时空分布形式及具体内容上具有多样性,但绝不是不可把握的,而是可以准确把握,也必须准确把握的。如果说两极的多样性告诉我们,在把握辩证矛盾的两极时必须持全面的观点,防止片面性和狭隘性,那么两极的确定性则告诉我们,在把握辩证矛盾的两极时必须注意准确性,防止任意性和主观随意性。这一点对我们在实践中正确地认识和处理矛盾,有非常重要的意义。因为矛盾是对立面的统一,准确把握对立面,是正确认识和处理矛盾的前提。邓小平同志总结历史的经验教训,主张我们各方面都要有明确的方针政策,而且有准确的表述语言。这从对矛盾两极的把握来看,就是要准确界定对立面。在坚持四项基本原则、反对资产阶级自由化这个问题上,他明确指出:“四个坚持的对立面是资产阶级自由化。”“所谓资产阶级自由化,就是要中国全盘西化,走资本主义道路”[②]。对资产阶级自由化的准确界定,使我们既能有力地排除右的干扰,又能有效地防止把对立面扩大化。针对市场经济和社会主义制度之间是否存在着潜在的、很难解决的矛盾这个问题,邓小平同志明确指出:“社会主义和市场经济之间不存在根本矛盾。”“为什么一谈市场就说是资本主义,只有计划才是社会主义呢?计划和市场都是方法嘛。只要对发展生产力有好处,就可以利用。它为社会主义服务,就是社会主义的;为资本主义服务,就是资本主义的。”[③]这就避免了对立面的泛化,为我们把建立和发展社会主义市场

① [德]黑格尔著,贺麟、王太庆译:《哲学史讲演录》第一卷,商务印书馆 1959 年版,第 302—303 页。

② 《邓小平文选》第三卷,人民出版社 1993 年版,第 324、207 页。

③ 《邓小平文选》第三卷,人民出版社 1993 年版,第 148、203 页。

经济作为经济体制改革的目标扫除了思想障碍。

总之，通过对不同存在形态矛盾两极的考察，我们得到这样一个认识，即多样性和确定性是辩证矛盾两极不可或缺的两重属性。根据这个认识，我们认为：辩证矛盾的两极是处于多种时空分布形式中的、具有极其丰富内容的、以事物的某种性质为共有尺度而正相反对的两个方面。

明确了这一点，我们就可以进一步理解，第一章中何以强调矛盾是对立面之间的关系而并非其他的关系；又何以强调矛盾是世界普遍联系中一种最基本的关系，说它最初始、最简单，也最普遍。既然矛盾两极是正相反对的两个方面，那么发生在两极之间的关系当然只能是对立面之间的关系而并非其他关系。既然矛盾两极既是普遍联系中横向联结的两端，又是纵向联结的两端，既有同体存在的情况，又有异体存在的情况，既普遍地存在于一切事物中，又存在于每一事物发展过程的始终，那么矛盾作为两极之间的对立统一关系，当然有存在的最大的普遍性，从而构成世界普遍联系之网的最基本的纽结。

第二节　对立性与同一性的多种具体表现与基本规定性

通过对辩证矛盾存在形态的探讨，我们还可以确认，辩证矛盾的对立性与同一性有着多种多样的具体表现，同时也有着本身基本的规定性。

毫无疑问，我们对不同存在形态矛盾的对立性与同一性的探讨，也是以对辩证矛盾共性的普遍性的认识为指导的。在第一章我们即已指出，辩证矛盾作为对立面的统一，不是两个对立面的简单加和，而是对立面能动地相互作用的过程，在这种能动的相互作用中，对立面之间既相互区别、相互否定、相互排斥、相互斗争，又相互联系、相互依存、相互贯通，从而构成矛盾的运动，使矛盾自身得以发展和更新，成为事物运动和发展的动力源泉。第二章又指出，对立性与同一性是辩证矛盾的两重不可或缺的基本属性，它们为一切矛盾所具有，并贯穿于每一矛盾过程的始终，它们在不同存在形态的矛盾中既有共同的基本表现，又有不同的具体表现。我们将对立面的相互区别、相互否定、相互排斥、相互斗争列为对立性的基本表现，而将对立面的相互联系、相互依存、相互贯通列为同一性的基本表现。后来的探讨表明，这些基本表现的确存在于不同存在形态的矛盾中，而且都有着各自的具体表现。

下面，我们将对立性与同一性在不同存在形态矛盾中的多种具体表现，做一个简单的归纳。

对立性中，两极相互区别的具体表现可归纳为内在差异和公开两立。我们已经指出，两极之间是内在差异还是公开两立，并不在于两极是同体还是异体，而在于两极是否具有作为对立面的完整的现实规定性。两极同体也好，异体也好，只要它们尚未完全具备作为对立面的完整的现实规定性，它们之间的相互区别就还只是一种内在差异；只要它们都具备了作为对立面的完整现实规定性，两极即以完整的现实态公开两立。显然，在共时态矛盾中，有许多的矛盾在矛盾初起时，两极或其中一极尚未完全具备作为对立面的完整现实规定性，两极之间只是内在的差异；只是随着进一步的发展，两极之间才会以完整的现实态公开两立。但也有的矛盾，两极自始至终具备作为对立面的完整现实规定性，以完整的现实态公开两立。因此，不能认为所有的矛盾其两极都会兼具内在差异和公开两立这两种情况。这是就矛盾总体上两极的相互区别而言，并不包括在两极公开两立情况下，两极各自内部所包含的矛盾双方直接合一而呈现内在差异的情况。至于历时态矛盾，从静态来看，两极一潜一现，直接合一，可以看成两极内在差异的一种特殊情况；从动态来看，两极现实态在四维时空中公开两立。所以，从一定意义上说，历时态矛盾倒是兼具两极内在差异和公开两立这两种情况。当然，无论共时态矛盾还是历时态矛盾，都包含同体和异体这两种情况，其两极相互区别的许多具体表现这里不再一一赘述。

两极相互否定的具体表现可归纳为两极性质、地位的相互否定和两极存在形态的相互否定。在共时态矛盾中，包括同体共时和异体共时，其两极主要在性质、地位上相互否定；而在历时态矛盾中，包括同体历时和异体历时，其两极的相互否定就不仅包括双方在性质、地位上的相互否定，而且包括双方在存在形态上的相互否定，一极的现实存在正表现着对极存在形态的否定方面，或者说一极的现实存在就否定了对极的现实存在，反之亦然。

两极相互排斥的具体表现则可归纳为两极时空距离的保持和远离，以及双方在保持各自性质、地位上的排他性。其中两极时空距离的保持和远离，在不同存在形态的矛盾中有不同的情况。在共时态矛盾中，有许多的矛盾，包括异体共时态矛盾和一部分同体共时态矛盾，其两极各自占有特定的空间位置，它们的相互排斥就会呈现为空间距离的保持和远离这种空间形式；但也有的共时态矛盾的两极在空间形态上不能截然两分，它们的相互排斥就不以空间形式来表现。在历时态矛盾中，两极“不兼时而至”，它们的相互排斥以两极不同时并存这种时间形式表现出来；而异体历时态矛盾的两极更以四维时空中时空距离的保持和一定限度内的疏离这种综合的时空形式表现出来。这说明，在两极相互排斥的多种时空形式中，任何一种形式都有局限性，都不是普遍的。那么，有没有所有的矛盾都会具有的两极相互排斥的共同表现形式呢？有。那就是两极在保持各自性质及其在矛盾发展中特定地位上的排他性。这在前面几章中已有详细的分析，不再重复。

两极相互斗争的具体表现，可以归纳为共时交接双方的斗争和历时并存双方的斗争两大类。共时交接双方的斗争又包括同体共时双方的斗争和异体共时双方的斗争这两种情况，它们都各以一定的方式来限制、约束、改造乃至压迫和消杀对方、克服对方以维持自己的存在，改善自己的存在状况。斗争的方式多种多样，不仅不同性质的矛盾其斗争方式不同，同一矛盾在其发展的不同阶段由于矛盾状况的不同，其斗争方式也会有所区别。对抗则是斗争的极端方式。斗争的结果，或是维持共时并存两极的平衡，维系矛盾的常态发展；或是打破旧秩序，建立适于矛盾运行的新形式；或是彻底解决矛盾，使原矛盾关系消解。历时并存双方的斗争包括同体历时双方的斗争和异体历时双方的斗争两种情况，它们都表现为潜在一极在现实态一极内部的潜滋暗长和对其旧有结构的逐渐破坏以及两极在条件成熟时的替代转换。两极的替代转换是历时并存两极相互斗争的极端形式。在替代转换过程中，原潜在一极正在崛起，原现实一极正在消退，两极不完整的现实态之间会出现拉锯式的你进我退的激烈斗争。历时并存两极的相互斗争推动着历时态矛盾的实现和展开。

以上是对立性的情况。

同一性中，两极相互联系的具体表现可归纳为直接同一和间接统一。直接同一,是与两极内在差异相对应的两极相互联系的一种具体表现,指两极尚未完全具备作为对立面的完整现实规定性的情况下,二者的直接合一。间接统一,则是与两极公开两立相对应的两极相互联系的又一种具体表现,指两极在已经具备作为对立面的完整现实规定性的情况下,二者互为中介,间接统一。在共时态矛盾中,有许多的矛盾在矛盾初起时两极直接同一,即两极或其中一极尚未完全具备作为对立面的完整现实规定性而直接合一;只是随着进一步的发展,两极的相互联系才由直接同一转变为以完整的现实态公开两立的对立面之间的间接统一。但也有的矛盾自始至终两极以完整的现实态间接统一。所以,正如不能认为所有的矛盾都会兼具内在差异和公开两立这两种情况一样,也不能认为所有的矛盾都会兼具直接同一和间接统一这两种情况。无论在同体共时态还是在异体共时态矛盾中都是如此。这是就矛盾总体上两极的相互联系而言,并不包括两极间接统一情况下两极各自内部所包含的矛盾双方的直接同一的情况。显然,两极的相互联系是直接同一还是间接统一,也不取决于两极是同体还是异体,而取决于两极是否完全具备作为对立面的完整现实规定性。至于历时态矛盾,从静态来看,两极一潜一现,潜在一极包含于现实态一极之中,可以看作两极直接同一的一种特殊情况;从动态来看,两极现实态在四维时空中互为中介,间接统一。所以,从一定意义上说,历时态矛盾,包括同体历时和异体历时,其两极的相互联系倒是兼具直接同一和间接统一这两种具体表现。

两极相互依存的具体表现可以归纳为两极的互为媒介、相互创造、相互规定、相互保证、相互促进。值得注意的,一是两极的相互依存在共时态矛盾中以共时方式表现出来,而在历时态矛盾中则要通过历时方式才能在四维时空中得到充分表现。二是两极的相互依存应该作对立面意义上的相互依存和实体意义上的相互依存的区分,这两重意义在某些情况下是一致的,在某些情况下是不一致的。例如两极互为存在的前提和条件,失去一方,另一方也不再存在,这从对立面意义上讲,是所有的矛盾都具有的属性;但从实体意义上讲,就不尽然。的确有的矛盾一极在实体意义上消失,另一极也会随之在实体意义上消失;但也有的矛盾一极在实体意义上消失后,另一极作为实体仍然存在,只不过随着矛盾消解不再作为原来意义上的对立面存在;还有的矛盾在消解后,两极不复为对立面,但都还保持各自实体的存在。对此需要进行具体的分析。尤其在考察异体态矛盾时,更要注意这一点。

两极的相互渗透在具体表现上可以归纳为共时并存双方物质、能量、信息的交流和历时并存双方的相互包含。共时并存双方,包括同体共时和异体共时,其相互渗透在一定限度之内只涉及彼此的部分要素,而且要经过被渗透方的同化吸纳,即吸收对自己有利的因素,而拒斥不利的因素,因此并不影响各自整体性质的保持和地位的占有,却可以在两极发展中起一种互补作用。但相互渗透达到一定的关节点,却会引起不同的变化:在均衡状态下,两极会趋向融合;在不均衡状态下,占优势的一方会力图"化"掉另一方。历时并存双方,包括同体历时和异体历时,其现实态的一极都包含潜在的对极。这种对潜在对极的整体包含,可以看作辩证矛盾两极相互渗透的一种特殊形式,它与共时并存双方在物质、能量、信息的交流上有重大的区别,不可不察。

两极相互转化的具体表现则可以归纳为共时并存双方性质、地位的转化和历时并存双方存在形态的转化。共时并存双方,包括同体和异体两种情况,在一定条件下,会各自向相反的性质和地位转化过去,转化之后，两极不一定失去其现实态，但性质和地位发生了变化。而历时并存双方，包括同体和异体两种情况，在一定条件下会发生各自存在形态的转化，原现实态一极转化为潜在的，原潜在的一极转化为现实的，其性质、地位的转化与存在形态的转化是同一的。

综合上述，我们认为，辩证矛盾的对立性与同一性的确有着多种多样的具体表现，对每一个具体矛盾的对立性与同一性的表现以及对立性与同一性每一种具体表现形式的存在和起作用的范围，都需要做具体的分析，而不可以简单做出结论。然而，矛盾的对立性与同一性又的确有着各种矛盾中都存在的共性的、普遍性的基本表现，即两极的相互区别、相互否定、相互排斥、相互斗争和两极的相互联系、相互依存、相互贯通（相互渗透和相互转化）。对立性与同一性的这些表现形式，都不同程度地体现出矛盾关系的能动性质。正是矛盾双方的这种对立和统一构成了矛盾的运动，推动了矛盾的发展。

由此，我们认为，辩证矛盾的对立性与同一性既有着多种多样的具体表现，又有其基本的规定性。据此，我们可以对矛盾的对立性与同一性做如下的概括：

对立性与同一性是辩证矛盾不可或缺的两重基本属性，对立性即指矛盾双方的相互区别、相互否定、相互排斥、相互斗争，同一性则指矛盾双方的相互联系、相互依存、相互贯通，它们在诸多存在形态的矛盾中，依矛盾性质和状况的不同，有着多种多样的具体表现，生动地体现出矛盾关系的能动性质。

由此，我们可以进一步理解，第一章中何以强调矛盾是对立面的统一而并非仅仅是对立；又何以强调矛盾是能动的关系，矛盾是事物运动发展的动力源泉。

应该指出,我们强调矛盾是对立面的统一而并非仅仅是对立,绝不是要贬低,而是要恰如其分地肯定对立、特别是斗争在矛盾发展中的作用。将对立、特别是斗争绝对化,忽视矛盾的同一性,是不正确的。但当我们强调矛盾的同一时,也应对同一和对立的不可分离,对矛盾斗争的不可避免有清醒、深刻的认识。一般来说,对立特别是斗争,仍是矛盾两极相互作用中最活跃的因素,对不同存在形态矛盾的实现、展开和解决都起着极其重要的作用,在一定的意义上讲,仍然是斗争解决问题。问题的关键在于为什么斗、怎样斗以及如何全面看待斗争的效应。在斗争的目的上,起码有维持两极的平衡、维系矛盾的常态运行;打破旧秩序、创造适于矛盾运行的新形式;造成矛盾的破裂、求取矛盾的彻底解决这三种不同的情况。在斗争的形式上,不仅不同性质的矛盾其斗争方式应有所区别,即使同一矛盾在不同发展阶段上也应视具体情况的不同而采取不同的斗争方式;而斗争的结果,往往在造成有利于主体的正效应的同时,也会产生某些不利于主体的负效应。这样,主体就应该根据矛盾的性质和状况,依据自己的需要,确定适当的斗争目的,选择最有利的斗争方式,正确地处置矛盾,并注意消除斗争的负效应。忽视对立和斗争或将对立和斗争绝对化,都是不正确的。

对矛盾的同一性,同样不能忽视,也不能绝对化。首先,要在与对立的联系中来看待同一。其次,要全面看待同一性在矛盾发展中的作用,看到它既有积极的一面,又有消极保守的另一面。再次,要全面把握同一性的多种表现形式,不能将某一种形式绝对化。在任何一点上做直线式的发展,都会使我们偏离正确的认识。

第三节　运动形式的个性与共性

在第一章，我们即已指出，辩证矛盾作为事物存在和发展中所发生的一种关系，是一个由其生成、展开到解决的各个环节所组成的过程，在这个过程中，对立面以及二者的对立和统一都处在不停的运动变化中，显现出不同的状态和特点，于是矛盾便显出阶段性的变化。这样，我们要正确地认识矛盾，要有把握地、切实地解决矛盾，就必须对它的全部过程进行动态的、历史的考察。这在我们对不同存在形态矛盾的对立性与同一性的考察中已经得到了印证。而对不同存在形态矛盾的运动形式的考察，进一步加深了我们对这个问题的理解。

在对不同存在形态矛盾运动形式的考察中，我们已经指出，矛盾的运动形式，受着两极的时空分布形式及运动所面临的主要问题的制约，因此，共时、历时、同体、异体等典型存在形态的矛盾各有其不同的主要运动形式。

共时态矛盾，其两极共时并存，它在运动中面临的主要问题是共时并存两极的力量消长问题，因此以两极的力量消长为其主要运动形式。在两极力量消长中，有共生共长和此长彼消两种情况，这是由于矛盾的同一性和对立性这两重不可分离的基本属性的作用，使两极力量消长的运动呈现出不同的侧面。任何矛盾两极力量消长的运动都存在这两个侧面，但在不同性质矛盾的不同发展阶段上，这两个侧面各自表现的程度和方式有所不同。一般来说，在非对抗性矛盾中，两极力量的消长更多地表现出共生共长的一面；当然在矛盾的某些阶段，也会出现某极亢进、过盛从而压抑、损害对极的情况，但多数会通过调整重新形成平衡。而在对抗性矛盾中，虽然也有共生共长的一面，特别在矛盾萌发、展开的过程中会表现得比较明显，但矛盾双方在相互交接斗争中，特别在决战时期，往往更强烈地表现出相互消杀、此消彼长的一面，以求达到克服对方的目的。矛盾两极力量消长的这些不同情况，形成矛盾发展的不同格局，使矛盾运动呈现平衡和不平衡两种状态。平衡对矛盾的稳定和正常发展具有决定意义，它包括均势平衡和非均势平衡两种情况。平衡的实质是矛盾的暂时的、相对的统一。平衡的作用具有两重性。从矛盾本身来讲，当矛盾处于萌发和上升时期，矛盾有其存在理由的时候，两极力量消长中的动态平衡有利于矛盾稳定协调的发展，起着积极的作用；而在矛盾的衰落和瓦解时期，矛盾失去其存在理由，平衡就起着阻碍前进更新的消极作用。而对认识和处理矛盾的主体来讲，只有那些主体需要其稳定协调发展的矛盾中的平衡才有积极的意义，主体会努力保持、改善这种平衡；而主体需要改变其关系格局，或求取其彻底解决的矛盾中的旧有的平衡，则具有消极的意义，主体会努力打破这种平衡，建立新的关系形式或取得矛盾的彻底解决。主体要真正在实践中达到自己的目的，必须做到真理尺度与价值尺度的统一。在两极力量消长的矛盾运动中，平衡是暂时的、相对的，更多的情况是不平衡。此消彼长会出现不平衡，共生共长中的不均衡也是一种不平衡。两极力量消长中的不平衡会造成矛盾发展中的异常和不稳定。当矛盾本身需要稳定协调发展，而矛盾本身的稳定又为实践中的主体所需要的时候，不平衡的负面作用就凸现出来，成为需要克服和消除的对象。但当矛盾旧有的平衡已成为阻碍矛盾前进更新的因素，而矛盾的前进更新又为主体所需要的时候，不平衡即显现其正面的积极的作用，成为矛盾前进更新的契机。主体对此应充分地加以肯定和利用。平衡与不平衡作为两极力量消长运动中的两种状态,既相互区别又相互联系,并在一定条件下相互转化。

历时态矛盾,其两极历时并存,它在运动中面临的主要问题是历时并存两极的替代转换问题,因此以两极的替代转换为其主要运动形式。两极替代转换运动的起点具有特殊性,不同的起点,往往意味着不同的运动轨道和特殊的规律性,对不同的主体有着不同的意义。我们应该根据所要研究的具体矛盾的具体情况来确定每一过程的具体起点。起点确定之后,还有一个需注意的是在现实态的此极内所包含的生发出替代自己的对立面的潜能的多样性问题。在历时态矛盾的运动中,现实态的此极将被自身所包含的潜在的对极所替代,但潜在并不是现实,而只是转化为现实的一种可能性,一种潜能或能力,而且这种可能性、这种潜能并不是单一的,而是多样的。实际上,每一次替代转换的实现,都是依具体条件,将某一种可能性变为现实而排除其他可能性的过程。在历时态矛盾两极现实态替代转换的运动中,现实态的此极将被潜在的对极所取代,这是必然的,但这只有从"可能性与现实性的纯粹形式的对立"上讲才有意义,至于取代此极的对极的具体内容,则要依具体条件,看在多样化的潜能、可能性中究竟哪一种得以转化为现实才能确定。因此,历时态矛盾两极现实态替代转换的运动就是必然性与偶然性的统一,必然中有偶然,偶然中又有必然。以宿命论的观点形而上学地看待这种运动显然是不正确的。主体的任务在于把握发展中潜能的多样性,依循矛盾运动的规律,创造必要的条件,实现有利于自身的转换。历时态矛盾两极现实态替代转换的必要性,首先在于它是历时态矛盾实现和展开的关键,只有实现这种转换,才能实现两极现实态在运动中的统一,在四维时空中展现出历时态矛盾现实存在的完整形态;其次,在于只有通过不断转换,才能实现历时态矛盾螺旋式的周期性发展,形成一个相对完整的过程。两极现实态的替代转换对历时态矛盾的发展是必要的,但它的实现却需要一定的条件,包括外在条件和内在条件。条件的具备与否,决定了这种转换有能够实现和不能够实现两种可能性。而且,这种替代转换是一个过程,当这种转换在一定条件下开始后,还会受到内外各种因素的干扰影响,转换有可能排除这些干扰影响而完成,也有可能因这种干扰影响而受挫。我们应该对替代转换过程中的各种复杂因素有足够的重视和估计。

同体态矛盾的运动,是同体两极相互作用的过程。两极的同体,规定了两极存在及其相互作用的空间范围,两极能否在同体中和谐相处成为同体态矛盾运动面临的主要问题,从而使和谐与冲突的争衡构成其主要的运动形式。同体态矛盾的两极既有和谐相处的一面,也有相互冲突的另一面,其根源在于矛盾的同一性与对立性的不可分离。和谐是同一性的表现,冲突则是对立性的表现。同一性与对立性不可分离,贯穿于矛盾过程的始终,决定了两极的和谐与冲突相伴生,也贯穿于矛盾过程的始终。在这个过程中,和谐与冲突哪一方面都不甘心与对方平分秋色,而是始终在角逐矛盾运动中的主导地位。这种角逐是一个长期的、反复的过程,和谐与冲突无论哪一方面占据了主导地位,都不可能彻底消除另一方面的存在,在一定的条件下,二者的地位就会发生相互转化。无论同体共时态矛盾还是同体历时态矛盾,其两极的和谐与冲突都会交替地在矛盾运动中占据主导地位,彼此在一定的条件下向相反的地位转化过去。所以,同体态矛盾运动中两极和谐与冲突的争衡就是一个动态的不断起伏变化的过程,不能用凝固的观点来看待。而这种和谐与冲突的争衡对同体态矛盾的发展有着重要的影响，制约着矛盾的发展趋势和最终结局。一般来说，当两极的和谐在矛盾运动中占据主导地位的时候，矛盾会维持其常态的运行，发展比较平稳；而当两极的冲突在矛盾运动中占据主导地位的时候，矛盾的常态运行受到干扰，往往会引发不同程度、不同方向的变化。由于矛盾的性质和状况不同以及主体的处置不同，这种变化有几种可能：一是冲突得到缓解，矛盾恢复原常态运行；二是冲突得到果断解决，并根据冲突发生的因素，适当改变矛盾的运行方式，创造适于矛盾运行的新形式；三是冲突愈演愈烈，矛盾走向消解。

对异体态矛盾来说，在两极各具独立空间形态或各具独立载体的情况下，两极结合与分离倾向的竞相争势，始终是其运动中面临的主要问题，并由此构成其主要的运动形式。一方面，异体的两极只有以一定的方式结合起来，才能形成对立统一关系，实现和展开矛盾的运动；另一方面，异体的两极在运动中却又随时随地有相互摆脱对方，从外在的空间形态的分离转化为内在的本质关系上的分离的可能。两极的结合与分离作为针锋相对的两种倾向，互不相让，争相占据矛盾运动的主导地位，使矛盾的运动一波三折，展现出复杂的态势。异体两极结合的动因在于其同一性，它们作为异体而正相反对的对立面，只有实现结合才能互为媒介，彼此确证自己的存在和本质，也才能产生互补的整体效应，促进各自的发展和变化。由于矛盾性质和具体状况的复杂性，并不是所有异体的两极都能通过结合共同发生向上的有利于自身的变化，也不是每个具体的异体态矛盾的两极通过结合自始至终都能发生积极的变化，而是既有两极发生逆向变化的情况，也有两极在矛盾发展的不同阶段发生方向迥异变化的情况。异体两极分离的动因，则在于其对立性。异体且正相反对的对立面之间的相互区别、相互否定、相互排斥、相互斗争,不仅使它们互相保持一定的时空距离,而且存在互相远离的倾向,这种倾向发展到极端,就会造成两极内在本质关系的分离。异体两极的结合与分离都要通过一定的方式才能实现。其结合的方式具有多样性,从不同的角度可以区分为直接方式与间接方式、共时方式与历时方式、自发方式与自觉方式、强制方式与非强制方式、并列方式与主从方式、紧密方式与松散方式等,任何一种方式都是历史的具体的。其分离的方式也多种多样,从不同的角度可以区分为直接分离与间接分离、自发分离与自觉分离、强制分离与非强制分离以及双方远离、一方消失、同归于尽等不同的分离方式,这些分离方式也是历史的具体的。异体两极的结合与分离作为针锋相对的两种倾向,各自都有其酝酿、实现和展开的过程,两方面互相竞势,其势位差直接影响着矛盾的发展趋势。异体两极结合的酝酿意味着矛盾的萌发,而这种结合的酝酿自始就受到分离倾向的抵制,随时有消解的可能。当两极通过相互选择,结合的倾向占了优势,才会有结合的实现和矛盾的确立。矛盾确立之后,异体两极的结合已经初步实现,但作为一种不断发展的倾向它还要求继续完善和展开,这就需要已经实现结合的两极不断地进行调整以相互适应。这种调整和适应会由于矛盾的性质和状况不同而受到分离倾向不同程度的抵制和干扰,从而出现复杂的情况。一般来说,在非对抗性矛盾中,结合的倾向在与分离倾向竞势中经常地占据上位,因而两极的调整和相互适应会比较顺利,从而使相互的结合更加紧密,比较容易产生互补性的整体效应,有的甚至趋向相互的融合。而在对抗性矛盾中,则是分离的倾向经常占据上位,从而使两极的相互调整和适应遇到较大的干扰和阻力,两极之间互相对立、排斥的一面表现得比较突出，经常地出现摩擦和冲突，有的甚至发生激烈的对抗，从而导致矛盾双方内在本质关系的分离，矛盾消解。当然，在任何矛盾中，由于内外条件的作用，结合与分离两种倾向在竞势中都有交替升降的情况，从而使矛盾出现曲折的发展。直线发展的事情是没有的。对每一个具体矛盾中结合与分离倾向的竞势过程，都需要具体认识和做具体分析，不仅要把握其一般的情况和总体的趋势，而且要把握其过程中各个阶段的具体情况及发生的每一个曲折。

综合上述，我们可以得出两点结论：一是不同存在形态的矛盾的运动形式各具特点，有鲜明的个性。共时、历时、同体、异体等典型存在形态矛盾的运动，受两极时空分布形式及运动中面临的主要问题的制约，有着各自不同的主要运动形式。二是不同存在形态的矛盾的运动形式尽管各具特性，但也有明显的共性，即它们都是曲线式的运动。共时并存两极的力量消长，历时并存两极的替代转换，同体两极和谐与冲突的争衡，异体两极结合与分离的竞势，都以螺旋式或波浪式向前推进，富于节奏感，呈现出矛盾运动中各个环节的阶段性特点，充分地体现出了矛盾运动的曲折性。

据此，我们认为，辩证矛盾的运动形式是多样的，不同存在形态矛盾的运动形式各具特点，同时又都有着曲线式运动的共同特征，体现出辩证矛盾的运动是一个生动多样的、螺旋式或波浪式的发展过程。

在本书第一章中，我们曾经指出，矛盾是事物存在和发展中所发生的对立面之间的对立统一关系，它是世界普遍联系中的一种最基本的、能动的、内在的关系，是一个由其生成、展开到解决的各个环节所组成的过程。现在，我们可以说，这应该是一个正确的而且包含着极其丰富内容的概括。

人类对辩证矛盾的认识，是一个不断拓展、不断深化的过程。这个过程源远流长，至今并没有结束。我们应该继续进行不懈地探索。